Seadove

Seadove

巴菲特預言

這些事，他都說中了

Warren Buffett

劉偉毅/著

他的嘴巴，永遠可以讓股市發生變化

序言：錢和嘴巴都在股市裡

巴菲特的名字如雷貫耳，這位年近九旬的老人，姓名始終出現在世界十大首富的排行榜中，更是世界著名的慈善家。

巴菲特的神奇，在於他的錢永遠在股市中，而他的嘴巴也永遠能夠讓股市有所變化。

每一次的股海沉浮，當人們都束手無策、人心惶惶時，總有一個人始終淡定，依舊沉靜平穩地繼續買進大量股票，不論是一九九八年的金融海嘯，還是二〇〇八年的經濟危機，似乎都無法撼動「股神」華倫・巴菲特繼續投資的腳步和堅持持股的決定。尤其是在經濟衰退、股市蕭條的時候，這位充滿「神力」的投資大師，不僅很有遠見地理智規避許多投資者無法抵制其誘惑的股市泡沫的風險，而且更加大舉地投資，最終卻在眾人並不看好的形式下或是在眾人都不看好的企業那裡，獲得那些投資者們多年股市打拼都無法達到的巨額投資收益。

因此，他被稱為「股神」，實在是名不虛傳。

以下就是巴菲特職業生涯中那些最神奇的案例，至今這些案例還在延續——

巴菲特不為所謂網路股的火紅走勢而心動，那些見到利益就忘記謹慎投資的投機者卻紛紛對網路股趨之若鶩。最終，二〇〇〇年網路泡沫破碎，由於股價的大幅下跌，使得美國的股市資金直接損失五萬億美元有餘，而巴菲特卻在股市萎縮時賺得盆滿缽滿。

巴菲特曾經預言：「可口可樂是世界上最好的公司。」從一九八八年至一九八九年，巴菲特先後向這家當時並沒有多少人注意的飲料公司投資一〇．二三億美元。截止到二〇〇三年，巴菲特所持有的可口可樂公司的股票市值已經上升至一〇一．五億美元。

一九八九年，巴菲特投資六億美元買進吉列公司的可轉換優先股，之後的十四年時間，巴菲特的投資增長四．八七倍，投資盈利為二九．二六億美元。

同樣的奇蹟，還發生在保險業、運輸業、新聞媒體業……甚至有人發現一個驚人的事實——巴菲特說中的股票，必然會上漲！巴菲特看好的公司，遲早將騰飛！巴菲特似乎成為經濟領域的預言師，擁有神奇的魔力。他可以將投資幾十倍上百倍的收回，僅僅是因為當時他對於投資對象一番肯定的評論！

然而，巴菲特真的有魔力嗎？其實不然。

這位人稱「奧馬哈聖人」的投資大師，之所以能贏得一個又一個戰役，從來都是常勝將軍，正是他穩健的投資理念和高明的投資決策，始終保持對股市的客觀理性的觀察和樂觀的投資態度，使得他能夠無畏於任何的股市形式，仍然自信地將無論是現金資產還是持有股票大量地放在沉浮不定的股票市場。

股神巴菲特賺錢神力實在讓熱衷投資的人羨慕不已，如何能得到這些神力的哪怕一點點？

本書主要按照巴菲特曾經做出的預言作為脈絡，在反映其超於常人的神力的同時，根據經濟規律、世界經濟形勢結合相關的金融事件與金融知識，從整體控制和微觀把握的角度來深入剖析解釋其神奇背後的原因，令讀者在典型直接的案例和淺顯易懂的語言中，瞭解到巴菲特的投資理念、理財方法和管理智慧，適用於一般大眾的閱讀。

本書同時結合其言論分析事件發生的原因及內在經濟規律和發展趨勢，分析巴菲特的具體投資行為和理財方式，從中提煉關鍵的思維與概念理論，以便於讀者根據自身情況實施操作。

巴菲特曾經看到一家開在空蕩蕩銀行大樓裡的餐館打出的廣告：「從前你的錢在這裡，今天你的嘴在這裡。」他幽默的說：「我的錢和嘴巴都在股市裡。」因為，無論股市如何漲跌變幻，巴菲特的股票始終在那裡，巴菲特的錢也在那裡，巴菲特神奇的預言更在那裡。

就讓我們用巴菲特這句神奇的箴言，結束我們的前言，共同走進預言大師巴菲特的職業世界：**買股票以後，請你鎖在箱子裡等待，耐心地等待。**

目錄

序言：錢和嘴巴都在股市裡

第一章：金融危機：金融衍生產品將成為定時炸彈
聲名顯赫的ＡＩＧ公司為何崩潰？ 14
短期內不能復甦？ 19
再次說中的骨牌效應 23
金融衍生產品將成為定時炸彈 28

第二章：房地產：房地產市場將大幅放緩
預言後的建築商信心指數 32
聽說房價兩次探底？ 36

量價齊跌的惡性循環 40
真的放緩了嗎？ 44

第三章：網路泡沫：一九九九年將是網路投資熱最高峰
二鳥在林，不如一鳥在手 48
有多少能讓投資者賺錢？ 52
最高峰是否到來？ 56
二〇〇〇年破碎的夢 60

第四章：蓋可保險公司：全球業績最好的保險公司
看好蓋可保險公司半世紀 66
衰退將創造機會 70
不怕它出問題 74
二十年漲了多少倍？ 78

第五章：任何人都無法擊敗可口可樂
下一個比爾・蓋茲將在這裡產生 84
你永遠猜不到的高成長與高價值 88

所有股票將不會便宜 92
十二年，預言見證奇蹟 96

第六章：比亞迪：這將是一個最好的選擇
這是一家年輕有前景的公司 102
絕對不是最後一次購買 106
竟然有人敢拒絕我投資？ 110
五至十年內銷量將破百萬 114

第七章：華盛頓郵報公司：傳媒產業的股票一定賺錢
一定會漲的華盛頓郵報公司 120
記者般的直覺 124
巴菲特預言該公司價值四億美元 128
三十年創下不可複製的神話 132

第八章：吉列：未來幾年會以驚人的速度增長
巴菲特為什麼要買吉列？ 138
這是當今世界上前景最好的公司 142

股價大跌又怎樣？ 146
從六億到五十一億 150

第九章：美國運通：現在只是小虧損，將來一定大盈利
美國運通依然能被認可 156
以亢奮的衝刺速度投資美國運通 160
這支股票一定賺錢 164
美國運通將再次改變美國人的命運 168

第十章：富國銀行：永久性虧損機率極小
三成本金將收不回來 174
富國銀行可能遭遇一場災難 178
很快就會頑強反彈 182
忍受虧損只因為更看好它 186

第十一章：中國石油：價格將超越價值
這家公司價值一千億美元 192
巨幅上漲只是一個表象 196

如果聽股神的話 200
價格適合時會再回來 204
第十二章：致股東信裡的機密
一年一度的致股東信密碼 210
富有哲理的妙語 214
暗藏的寶貴投資經驗 218
第十三章：公開場合下的非公開暗示
金融危機調查聽證會 224
太陽谷峰會 228
與比爾・蓋茲的慈善晚宴 232
巴菲特午餐 236
第十四章：賺錢是與生俱來的欲望
父親的內部記分卡 242
數字狂熱，一切都用數字語言說話 246
選擇不太討巧的觀點 250

知道自己想要什麼 254
第十五章：改變一切的堅定
重複、機械、專注的不可思議 260
滾雪球：要看到坡和雪，然後不斷地滾 264
第十六章：最應該投資的領域
知識，無論如何要讀書 270
時間，開始的越早越好 273
市場的愚蠢是投資的機會 276
後記：股神也是人
附錄一：巴菲特二〇一二年的五大預言
附錄二：巴菲特大事記
附錄三：巴菲特經典語錄

— 第一章 —

金融危機：金融衍生產品將成為定時炸彈

Warren Buffett

聲名顯赫的ＡＩＧ公司為何崩潰？

二〇〇八年，一股餓虎出籠般的金融海嘯從美國華爾街噴湧而出，全世界的金融市場瞬間被其吞噬。金融危機引發全球性實業經濟危機，此時世界上每一寸土地上的人們都在擔心著這突如其來的金融災難。此次金融海嘯使長年屹立挺拔於金融海上的「萬噸巨輪」全身動盪，面臨源竭擱淺危機。ＡＩＧ則是其中最為明顯的一艘，在此次金融海嘯中由於流動資金緊絀致使面臨破產危機，一時之間每個人都陷入恐慌之中。身為「萬輪之首」的巴菲特此時表現出的態度與狀態卻大相徑庭，此時的他正與好友在奧馬哈的家中，一起圍坐在客廳的地板上，一邊玩著奧馬哈牌一邊喝著心儀的咖啡，依舊是那麼的從容淡定。這一切，似乎不合常理，著實令人疑惑不解、疑慮叢生。

ＡＩＧ（美國國際集團）是一家以美國為中心的國際性跨國保險及金融服務機構集團，

是目前全球最大市值保險公司，總部設於紐約市的美國國際大廈，其分公司可謂遍布全球，一度在二〇〇八年度《富比士》雜誌的全球二千大跨國企業名單中，ＡＩＧ躋身第十八位。

就在二〇〇八年九月十六日這天，一場突如其來的金融海嘯勢如破竹席捲而至，使得ＡＩＧ受到重創。隨之，ＡＩＧ由於受經濟危機的影響，致使評級被調低，進而引致絡繹不絕的銀行開始向ＡＩＧ討債，最後導致ＡＩＧ流動資金嚴重短缺，即將倒閉。

從ＡＩＧ的變化我們看到，金融危機所承載的可怕性是不言而喻的，就當金融市場一片死寂，所有金融人員都處於困擾之中的時候，有一個人卻可以酣眠於家中，這個人就是巴菲特，他之所以能做到如此，皆出於他對金融市場有預見性的洞察與分析。其實，他早在二〇〇二年年終報告致股東的信裡已經預言這場金融浩劫，因此已經有防備，這一切的「突然」在他看來皆是「必然」。致信主要內容如下：

致波克夏．哈薩威公司的全體股東：

我認為，對於交易雙方和整個經濟體系而言，金融衍生產品就是定時炸彈！

金融衍生產品交易的另一項問題是，它可能因為一些毫不相關的原因讓一家本來有麻煩的公司問題更加惡化，這種一窩蜂效應之所以會發生，主要在於許多金融衍生產品交易的合約都要求對方如果其信用評級遭到調降時，必須立刻提供質押擔保給交易對方。大家可以想像，當一家公司遇到一般性的經營困難而被調低信用評級，公司的衍生性金融交易立刻上門逼債，要求提供事先完全沒有設想到而且金額龐大的現金抵押。要滿足這種要求就會讓公司進一步陷入流動性的危機，通常這又會讓公司的信用評級再次調低，如此惡性循環會導致公司徹底垮台。

在銀行業早期發現連鎖反應的問題嚴重性是聯邦儲備系統成立的主要原因之一，在聯邦儲備系統成立以前，實力較弱的銀行倒閉，有時候可能會對一些原本實力強健的銀行突然造成沒有預期到的流動性壓力，導致它們緊接著出現流動性問題。現在聯準會能夠把實力強健的銀行與那些實力虛弱的銀行隔絕開來，但是在保險業或是金融衍生產品行業，卻沒有類似於中央銀行的監管機構來防止骨牌效應的發生，在這些行業，一家原本實力強健的公司很有可能因為其他公司發生問題而受到拖累。當這種連鎖反應的威脅存在於一個行業之中時，就應該把各種各樣的關聯最小化。這正是我們公司目前在再保險業務採取的做法，同樣這也是我們選擇退出金融衍生產品交易的原因之一。

我們相信波克夏應該是所有股東、債權人、保戶及員工最堅強的財務堡壘，我們對於任何可能的超級災難都保持高度警惕。對於長期性金融衍生產品交易量迅速增長，相應的巨額無抵押應收款項同步增長，我們的做法可能顯得有些過慮，但是我們仍然認為，金融衍生產品是大規模殺傷性金融武器，其所帶來的危險，目前仍不可知，但絕對是潛在的致命性危險。

華倫・巴菲特

我們不難發現，巴菲特二〇〇二年年終報告致股東的信裡的內容和目前ＡＩＧ的處境如同「劇本」與「電影」般契合，這不禁令人驚歎！在他的致信裡，首先對金融衍生產品交易的問題進行詳細分析，指出：金融衍生產品交易的合約都要求對方如果其信用評級遭到調降時，必須立刻提供質押擔保給交易對方。現實中名聲顯赫的ＡＩＧ正是在遭遇經濟危機時其評級被調低，進而致使流動資金嚴重短缺所導致崩毀，預言可謂之驚人。接著又指出：目前聯準會在保險業或是金融衍生產品行業上，並沒有完善的監管機構來防止骨牌效應的發生。在這些行業，一家原本實力強健的公司很有可能因為其他公司發生問題而受到拖累。因此，當這種威脅存在時，就應該把其關聯最小化。這正是我們公司目前在再保險業務上採取的做法以及我們選擇退出金融衍生產品交易的原因。這正好是他可以避免經濟危機的關鍵，也是他在全世界實力超群的金融公司崩潰時，波克夏‧哈薩威公司不但沒有崩潰，反而愈之壯大的原因。他曾經說：「別人越恐懼，你要越貪婪；別人越貪婪，你要越恐懼。」但是他，以他過人的睿智做到讓別人「恐懼」，讓自己「貪婪」。

金融衍生產品的衍生問題將導致金融災難，巴菲特在二〇〇二年已經預言，並且在今日得以印證。事實證明巴菲特的預言簡直可稱為神準，在讓人為之折服之餘，卻感到毛骨悚然。因此，看到他在驚濤駭浪中悠然地喝咖啡時，也就不足為奇。

短期內不能復甦？

二十世紀九〇年代以來，國際資本以前所未有的規模、速度和形式使全球資本急劇膨脹。第二次世界大戰前，借貸資本輸出曾經是資本輸出的主要形式，但是第二次世界大戰後，在科技革命的推動下，跨國公司、跨國銀行和國際貨幣資本市場迅速發展，改變國際借貸機制和當代資本的國際化。

在國際化的商業、借貸、產業資本中所建立起來的全面而又龐大的金融體系所衍生的產品，例如：貨幣、債券、股票，透過承擔、擔保並化解一個固定收益資產組合的信用風險，從中獲取大量利潤。

然而，這種由信用建立起來的金融關係並不穩定，雖然說金融市場發展程度越高的國家，各產業之間有越高的相互關聯的增長率，其中金融市場為企業從全球性增長機會中獲利提供重要幫助。但是同時當我們考慮到金融市場的發展程度和金融市場上各種金融機構的構成時，就會發現私人融資活動在資源配置過程中產生極為重要的作用。作為金融發展和經濟發展之間相互影響的仲介金融衍生產品，由於其交易後果取決於交易者對基礎工具未來價格的預測和判斷的準確程度，導致金融衍生產品具有不確定性和高風險性。

當對金融衍生產品缺少控制監控時，信貸市場中就會出現某些債務人在債務到期時不能支付，進而破壞整個信用關係，由商品的債權與債務關係加深的鏈條中的某個環節就會中斷，進而引起一連串的借貸、金融、經濟連鎖效應，最終爆發危機。

正如巴菲特所言：

許多人聲稱金融衍生產品交易可以有效降低系統風險，透過這類交易讓原本無法承擔特定風險的機構可以將風險移轉到那些實力更強的機構上，這些人相信金融衍生產品交易能夠穩定經濟，便利交易，減少交易個體的經營不穩定性。在微觀層面上，他們的說法往往確實如此。但是我認為，金融衍生產品交易在整體層面卻是危險的，而且風險日益加重。大量的風險，尤其是信用風險，目前已逐漸累積在少數幾家金融衍生產品交易商身上，而且它們彼此之間交易非常頻繁，這使得一家公司在發生問題後很快地殃及到其他公司。到最後這些交易商將積欠那些非交易商的合約方巨額款項，而這些交易方，如同我之前提到的，由於彼此關係緊密，一個單一事件讓他們同時陷入大麻煩。在問題浮出時，關聯度過高可能引發嚴重的系統性問題。

正因為早就看出信貸經濟的不可靠，向來選股傾向於安全感的巴菲特說：「我們很少舉債。當我們真的舉債時，我們試圖將長期利率固定下來。與其過度舉債，不如放棄一些機會。查理和我，永遠不會為了一、二%的額外回報而犧牲哪怕一夜的睡眠。」巴菲特的這份穩健冷靜，使得他和他的公司能避開金融危機中的蝴蝶效應，在經濟蕭條的餘波中不僅得以保全，反而賺得盆滿缽滿。

金融衍生產品是交易雙方透過對利率、匯率、股價等因素變動的趨勢預測，約定在未來某一時間按一定的條件進行交易或選擇是否交易的合約。所以無論是哪一種金融衍生產品，都會影響交易者在未來一段時間內或未來某時間上的現金流，跨期交易的特點十分明顯。這就要求交易的雙方對利率、匯率、股價等價格因素的未來變動趨勢做出判斷，而判斷的準確與否直接決定交易者的交易盈虧。由於金融衍生產品的跨期性，使得金融危機波動長久地影響經濟危機，進而各國經濟受到的波及和衝擊就不是短期的現象，而成為長久的回波式效應。這也映證巴菲特對於市場中的價值規律：「短期經常無效，但是長期趨於有效。」所以，在美國財政部和聯邦準備理事會大力支持下，儘管ＡＩＧＦＰ因未能預見美國住房市場的快速崩潰和支撐擔保債務憑證的抵押貸款價值隨之垮台而毀滅，但是ＡＩＧ卻在國家的整體調整和控制下得以保全，根據巴菲特的「長期持有原則」，雖然短期內ＡＩＧ公司可能還不能從經濟危機的影響中走出來，但是從長期的角度看，我們相信ＡＩＧ公司將會在政府的扶持下恢復過來。

再次說中的骨牌效應

在二〇〇七年年終的時候，巴菲特向我們指出，如果失業率大幅度升高，骨牌將倒下，美國經濟在二〇〇八年會進入衰退。正如巴菲特所說：「我們會度過現在和未來的衰退，正如我們以前經歷過的一樣。」

於是，我們可以看到：二〇〇八年三月摩根大通收購美國第五大投資銀行貝爾斯登，同年九月，美國第四大投資銀行雷曼兄弟也宣告破產，而美國第三大投資銀行被美國銀行收購，美林也被迫出售，經濟危機的回波正一圈圈地從美國向整個世界蕩漾開去，然後如同有週期性一樣再蕩漾回來，引起社會經濟的危機、蕭條、復甦和高漲。

很顯然，美國人並沒有想到金融危機的影響會如此之大，巴菲特早在這之前就對於金融危機和金融衍生產品做過分析和評價：

金融衍生產品交易也有可能造成骨牌效應的風險擴散，這是因為許多保險業及再保險業者習慣將大部分業務分保給其他保險公司。在這類的情況下，巨額的應收款項將隨著交易對象的日趨複雜而持續累積，某一交易個體可能覺得自己很精明，認為其巨額的信用風險已經經過適度的分散，因此不再危險，但是在某種特殊情形下，一個外部事件導致A公司的應收帳款發生呆帳，進而影響B公司，以至於一路到Z公司，歷史教訓告訴我們，危機發生往往會導致我們在風平浪靜時期做夢也想不到的一連串相互關聯的問題。

對於金融衍生產品的開發，稍微不小心或是開發過度，就會導致從金融體系到國際經濟的連鎖反應。

這次的金融危機爆發的深層原因，是美國的抵押貸款所引起的次貸危機，抵押貸款顧名思義就是借錢買東西再分期返還部分本金與利息，說穿了，就是在金融衍生產品為仲介基礎上提前消費、超前消費。

由於金融衍生產品交易一般只需支付少量的保證金或權利金，就可以簽訂遠期大額合約或互換不同的金融衍生產品，所以當人們趨之若鶩地貸款消費或借貸收利時，他們只看到金融行業的高收益，卻忽視金融發展在其衍生產品的高槓桿性中所反映出來的高風險特點。

這樣的現象首先主要呈現在房地產上，例如：「花明天的錢，住今天的房。」人們過多的支出已經超出現在和未來可支配收入與預期收入的承載範圍，太多的交易因為借貸的關係而沒有建立在實體收付的基礎上，於是這種透過信用而建立的交易機制在金融衍生產品的不確定性和高風險性下日漸鬆散，最終形成即將一觸即發的社會、經濟隱患。

然而，謹慎的巴菲特卻是十分重視確定性的，不論是對於股市還是其他的方面，他始終堅持：「**第一，儘量避免風險，保住本金；第二，儘量避免風險，保住本金；第三，堅決牢記第一、第二條。**」所以為了達到目標，巴菲特首選是直接控股各種能帶來穩定現金流並持續提供高於市場平均水準的的公司。「**我們的首選是直接控股各種能帶來穩定現金流並持續提供高於市場平均水準的公司，其次是主要透過我們的保險公司購買這些類型公司的部分股權。**」這也反映巴菲特的價值投資六項法則中的現金流量原則「估值就是估老婆——越保守越可靠」。

所以，當沒有實際現金作為支持，在抵押貸款後如果出現還貸困難的情況，貸款人在聯準會的連續十七次加息中，仍舊沒有能力償還貸款時，他們就可能會賣出自己的房屋來償還貸款餘額，但即使如此，賣房子的錢也無法抵清越來越多的貸款。至此，就會有人逾期還款或喪失抵押品贖回權，如果這樣，人們必然會對房地產商業失望，進而減少買房的需求，導致房地產市場供給大於需求。

這樣的情況下，房地產市場漸趨蕭條，為維持運作必須減少成本，房地產商們首先要做的就是裁員。那些被大量裁員的相關工人，由於失業導致收入減少甚至為零，不得不減少消費，如此就不僅僅是房地產沒有市場，而是各領域市場的需求量都在減少，使得各市場廠商的收益減少，因此他們則繼續裁員以降低成本，然後導致更多的人相繼失業。

如此往復，惡性的循環像骨牌一樣，使得社會產量減少、社會效益降低、流動資金短缺，現金流的段截則直接導致社會經濟的快速萎縮，最後由房地產界的次貸危機演變為整個社會的經濟危機。

由於這次的經濟危機無論是規模上還是影響上，都是來勢洶湧、深遠持久的。這使得美國聯邦準備理事會前主席葛林斯潘都坦言這是他「職業生涯中所見的最嚴重的一次金融危機」。像這樣的情況，巴菲特也預料到，「**週期性的衰退是資本主義經濟的必然規律，因為大家跑太快了**」，由於現在的科學技術、社會經濟的快速發展和高速繁榮，經濟曲線的週期如今越來越短，從二十世紀初期的一百年一次到二十世紀中期的幾十年一次，再到現在的每十年一次。與此同時，經濟曲線的幅度也在逐漸變大，這使得經濟衰退的影響在現在這個「鏈條式」的金融體系社會中變得更為深遠。

因此，「在別人恐懼時貪婪，在別人貪婪時恐懼」，當人們紛紛對抵押貸款趨之若鶩時，當提前消費的心理甚囂塵上時，巴菲特依舊保持冷靜與謹慎的頭腦，絕對不輕易轉變自己的投資方向，這樣的堅持成為他可以避免經濟危機的關鍵，也使他在全世界實力超群的金融公司崩潰時，依舊庇佑著波克夏・哈薩威公司沒有崩潰，反而愈之壯大。

金融衍生產品將成為定時炸彈

金融衍生產品包括貨幣、債券、股票等傳統金融產品，具有零和博奕、跨期性、聯動性、不確定性或高風險性和高槓桿性的透過信用交易實現其價值的金融產品。在規避風險、價格發現、對沖資產風險的同時，金融衍生產品的高槓桿性將極高的風險讓渡給願意承擔的交易者——投機者，規避風險的一方對沖者與另外一類交易者套利者，三者共同維護金融衍生產品市場上述功能的發揮。

然而，曾經的美國最大的對沖基金——美國長期資本管理公司（LTCM），卻在俄羅斯上演一場金融版滑鐵盧，監管中存在的真空狀態導致美國長期資本管理公司虧損巨大，甚至在出事後，美國的金融管理當局都還不知道該公司的資產負債情況。由於政府放鬆對證券機構、銀行的監管，令其接收許多證券機構和國際商業銀行集團的無限制巨額融資，因為這個原因，瑞士銀行損失七・一億美元、義大利外匯管理部門則損失二・五億美元。

由此，我們可以看出，金融衍生產品是「危」、「機」共存的。金融衍生工具交易是透過交易者對這個基礎工具未來價格的預測和判斷的準確程度來獲得結果，基礎工具價格的不確定則直接反映金融衍生工具交易盈虧的不穩定性，這使得金融衍生工具具有極高的風險。

這個時候，巴菲特很有先見地指出：「**我們認為，對於交易雙方和整個經濟體系而言，金融衍生產品就是定時炸彈！**」

像AIG、霸菱銀行這樣的國際性大公司，都紛紛因金融衍生產品交易的某一項問題或一些毫不相關的原因，而使原本在經濟浪潮中遇到的問題更加惡化，進而引起某公司遇到一般性的經營困難而被調低信用評級，公司的衍生性金融交易立刻上門逼債，要求提供事先完全沒有設想到而且金額龐大的現金抵押，要滿足這種要求就會讓公司進一步陷入流動性的危機，而通常這又會讓公司的信用評級再次調低，如此的惡性循環最後導致許多實力雄厚、聲名顯赫的公司崩潰甚至徹底垮台。

一九二九年，美國泡沫經濟破碎，華爾街股市一路狂跌，許多投資者將自己的投入從歐洲快速撤回，美歐之間就因此停止美元的運轉。其中德國人，他們再也不可能從美國私人投資者那裡借入資金。

一九三〇年初，英國也受到經濟危機的衝擊，自一九三〇年起，貿易逆差從三・九億英鎊增加到四・一億英鎊（一九三一年），投資利潤回流卻從四・一億英鎊跌至三億英鎊，失業率提高到二五・五%。

一九三一年初，英格蘭銀行的黃金儲備因黃金外流而急劇下降。一九三一年九月二十日，英國正式宣布將英鎊與黃金脫鉤，廢除英鎊金本位，自此英鎊貶值三〇%。

德國的出口受到英鎊貶值的打擊，許多向來以英鎊來做結算貨幣的德國企業在英鎊匯率下跌時損失巨大。不僅如此，英鎊金本位的廢除引發全世界的關稅和貨幣貶值戰。在英國放棄金本位制以後，瑞典、丹麥、挪威、芬蘭、葡萄牙、希臘、埃及、日本與英國有主要貿易關係的幾個南美國家和整個英聯邦隨後也採取類似的行動。

如果當今的日圓長期持久維持低利率，有利於攜帶日圓交易，同時也潛在地威脅全球金融市場。金融衍生產品的高槓桿性被日本充分地利用，因為日圓貶值，每輛在美國出售的豐田汽車都獲得高達三千至一萬四千美元的額外補貼，由此其成本優勢可見一斑。日圓日益降低其匯率，使本國出口自產產品更為便利，極為有利於以發展製造出口工業的日本。

—第二章—

房地產：房地產市場將大幅放緩

Warren
Buffett

預言後的建築商信心指數

在經歷一場波瀾起伏的金融大動盪後，二〇〇八年的經濟危機彷彿要逐漸離我們遠去時，就在我們樂觀地看著社會經濟煥然一新、欣欣向榮的模樣，以為似乎就要恢復一派繁榮的時候，美國卻因為那次強勁的金融風暴而留下後遺症——自二〇〇七年以來，美國的房地產市場就在次貸危機的影響下持續低迷。

二〇〇七年第一季度，美國的私人住宅的投資下降一六・三%，進而直接導致GDP增速下降〇・九三%；同年第二季度，私人住宅投資繼續大幅度下降一一・八%，連同經濟增長的負貢獻也略有下降，即為〇・六二%。

二〇〇七年六月，美國已有抵押貸款購房者一百萬名，其中有些無力支付貸款，有些喪失抵押房屋的贖回權，都紛紛放棄買房，此人數高出兩年前五〇%。同年十月，在經過季節調整後，住房市場指數由該年九月的二〇下降到一八，創下自一九八五年編制該指數以來的最低值。

隨著房地產市場的降溫，美國的經濟也開始走下坡，就在二〇〇七年第一季度進一步減速的同時，GDP僅增長〇・六%，這是自二〇〇二年第四季度以來最慢的增速。儘管美國在二〇〇七年第三季度的經濟資料差強人意，但由於大幅放緩房地產市場，美國的經濟增長速度逐漸趨於滯怠。在二〇〇七年和二〇〇八年，美國的經濟增長率均為一・九%，二者都低於二〇〇六整年的經濟增長率二・九%。

以目前來看，美國的經濟整體上是增長的，不少地方的就業率也幾近飽和，甚至部分地區和行業都出現勞動力短缺的現象。儘管房地產市場發展放緩，但這並沒有影響到支撐美國經濟的消費和出口兩者的持續發展，所以美國的經濟只是在增長的基礎上放緩腳步，其整體上是保持穩步增長的。在聯準會降低利率等貨幣政策的整體調整和控制下，房地產市場對美國經濟發展的減速，又正好舒緩通貨膨脹給美國帶來的壓力。

但是，對於美國經濟的未來發展，仍然還有人表示擔憂。

美國全國住宅建築商協會的調查顯示：二〇一一年六月，美國住宅建築商信心指數比同年五月下降三～一三點，這是自二〇一〇年九月以來的最低水準。在過去六個月裡該指數一直穩定維持在一六的水準，這表示雖然對市場前景的預期不高，但建築商的信心依然還是比較穩定的。一般當信心指數高於五〇，則表示建築商中大部分人是看好住房銷售的前景，而低於五〇則說明大部分人對住房銷售的前景不抱希望。該年六月這個行業敏感指數的大幅度下滑，就表示建築商的市場信心已經動搖，他們對於美國房地產市場前景更加看淡。

出於對止贖房屋和面臨止贖風險的房屋市場競爭的擔憂和在建築原材料等成本不斷上升所引起的住房以成本價出售的困難，這些仍處在次貸危機長久餘波的建築商們無論如何也不能忽視美國經濟增長中的不確定因素——房地產市場，作為美國經濟最為有利的支撐，房地產市場同時面臨信貸緊縮、房屋供給過剩和房價下跌的三重打擊，同時還有金融泡沫的破碎會使得美國房地產市場在低迷中的摸索和調整，遠遠超出我們預想的時間。

然而，「奧馬哈先知」巴菲特在他一年一度寫給波克夏‧哈薩威公司股東們的一封信中這樣說：

大約需要一年時間，住房問題就會被我們遠遠甩在身後。當然，價格將依然遠遠低於「泡沫」水準。但是，有一位受害的賣方或貸方，就有一位受益的買家。

幾年前，當折合成年率的新屋開工數在兩百萬左右時，市場的供方認為這是一個好消息，但是家庭——需方——總計僅需要約一百二十萬戶。

巴菲特預言，在二〇一一年左右住宅類房地產市場將達到供需平衡，實現市場出清，至此美國住宅類房地產市場的衰退將隨之告終。但是那些「高價房屋以及在那些過度建設現象尤為嚴重的地區中的房屋」，對於市場和企業來說，則仍舊需要很長的時間來恢復。

以美國多個相關部門發布的資料：二〇〇八年美國房價下跌二〇・二三％，二〇〇九年房價下跌六・一四％，二〇一〇年下跌〇・六八％。從中我們不難發現，美國房價的跌幅正在逐漸按照巴菲特的推測變化著。

可見，在大約一年的恢復過程中，美國的房地產市場開始有逐漸的回暖跡象，在巴菲特的預言中，美國房市將會繼續恢復走高，在這樣的良好發展的態勢下，美國的建築商信心也開始回升，十月的美國建築商信心指數環比上升四點到一八點，並且在未來的六個月裡，建築商對於銷售預期的指數也將環比上升七至二四點，這是一個振奮人心的好消息，在美國建築商的信心回升中，我們將看到美國房市的又一個春天。

聽說房價兩次探底？

「探底」在股票中是指當大盤急劇下跌後，在某個位置上停止下跌（底就是大盤停止下跌的一段區間），再次探底後，大盤一般會橫向浮動一段時間，然後或開始上升或繼續下跌。在股價下行後，大量的承接盤使之開始回升，探底即指這個下行過程，旨在探明該股底部的大承接盤在哪個價位，如果探底不成功則繼續下探，直至在底部價位某處出現大量使其再下行時可探明底部的承接盤，當底部探明後，股價就會反彈回升。

在經濟危機和金融危機的衝擊之下，作為支撐美國經濟最為有利的行業，房地產市場首當其衝。由於次貸危機的爆發，銀行紛紛收回貨幣，為減少現金流出、規避風險而抬高貸款利率甚至停止放貸，這使得房地產商積壓待售新屋和陳屋，房地產商不得不為勉強維持自身而降低房價直至「資不抵債」。

因此二〇〇七年夏，次級住房抵押貸款市場危機在美國全面爆發。在房地產市場大幅放緩後，伴隨著房價的驟跌，利率陡升導致許多金融機構的崩潰，經濟衰退引發失業，最終使許多次貸市場借款人因為無法按期還貸而喪失抵押品贖回權以及廣大的消費者們的支付能力下降，因此致使房地產市場逐漸無人問津，樓市大盤一路狂跌。

但是經濟的發展是有其發展規律和週期的，在這幾年的發展和人們積極地調整和控制中，我們逐漸從危機中脫身出來，世界經濟開始回暖。然而，因為透過抬高全球股市以扭轉世界經濟下降的聯準會的第二輪量化寬鬆，不僅沒有舒緩次貸市場問題，反而導致美國房地產價值下掉直至負值，引起房地產市場的不斷下滑，同時伴隨著信貸緊縮的加劇存在。

如此一來，就有部分處在股價底部的股民，出於對被套牢的恐慌而全盤撤手，也有部分股民在股價底部過後，因擔心股票的再度下跌，於是就在股價稍有上漲後就將股票轉賣出手，因此經常在股價出現底部之後，又出現一次二次探底。

由於金融危機轉化為政府債務危機，這是房地產泡沫的再次轉移，這樣的問題唯有訴諸貨幣才能夠徹底解決，所以在面對緩慢攀升的美國經濟時，建築商們依舊緊張、苦惱不已。

同樣是投資房地產市場，「涉足頗深」的巴菲特卻絲毫不見擔憂，因為「透過控股那些實業公司，在房地產復興過程中，他很可能將大肆獲利」。他並不考慮此時的房地產市場的處境如何地舉步維艱，也沒有在意政府的債務危機，只是在考慮「波克夏去年原本應該購買更多的公司和地方政府債券，因為比起美國國債它們簡直太便宜了」。

在二〇一〇年致股東的信中，巴菲特就已經分析當前的房地產形勢：

目前，整個行業處於混亂的局面源於兩個原因。第一，行業的發展取決於美國經濟能否實現恢復，這個理由涉及到美國新房屋的開工率（包含公寓部分）。二〇〇九年，五五・四萬套的新建房屋數創下到目前為止我們所記錄的近五十年來的最低點。然而，這是一個好消息。

一些年以前，在新房屋開建時，人們曾經想過這是一個好消息——市場供應——住房市場年供應量約為二百萬套。但是另一方面，新家庭組建——市場需求量——每年僅為一百二十萬套。供需不平衡的狀態持續幾年後，國家必然要結束這種大量房屋剩餘的狀況。

有三種途徑來解決這個情況：第一，毀掉大量的房屋，與發生的「汽車換現金」計畫相似的摧毀汽車策略；第二，加速人們對住房的需求，鼓勵年輕人同居，這個計畫不太可能遭受缺少志願者；第三，減少新建房屋數量，使其增長率低於家庭組建率。

我們的國家理智地選擇第三個，這表示在一年左右之內，住宅房問題政策非常支持我們，僅除了那些高價房屋和某些濫建問題特別嚴重的地區。住房價格將會遠遠低於泡沫時期水準，要不是每個售房者或信貸方造成損失的同時，能夠使購房者從中受益。事實上，幾年前那些無法承擔購買適當房屋的家庭現在發現擁有一套住房成為他們力所能及的事情，那是因為房地產市場泡沫已經破裂。第二個原因是針對企業建造的房屋：懲罰性的抵押貸款利率差異存在於擔保房屋與建造房屋之間。

「**我們也會有恐懼和貪婪，只是在別人貪婪的時候我們恐懼，在別人恐懼的時候我們貪婪**」，此時應該恐慌並採取措施的應該是國家政府和房地產企業，投資者應該做的就是選定一個投資對象，然後投入自己認為足夠的資金。深諳「龜兔賽跑」之道的巴菲特明白：長期內複利可以戰勝一切。樓市早晚會反彈，他投資的唯一準則就是不要賠錢，他該做的就是像在鐵路交易前夕那樣，拋售一些股票用以加厚公司的現金緩衝墊，在投資等待收益的過程中，能夠隨時保有充足現金，以抵抗風險，僅此而已。正如巴菲特所說：「**換句話說，我們的防守強於我們的進攻。**」

量價齊跌的惡性循環

《華爾街日報》報導，美國商務部（Department of Commerce）於二〇〇八年三月二十六日公布：

經季節因素調整後，美國二〇〇八年二月新屋銷售下降一・八%，至年率五九萬棟，創下十三年來最低點，相較去年同期下降近三〇%。在此之前經濟學家的預估資料是二月新屋銷量下降二・二%，折合成年率為五七・五萬套。

就在成交量下滑的同時，新屋銷售價格也出現顯著下滑。二〇〇八年二月新屋價格中值相較於去年同期的二五〇八〇〇美元，下降二・七%，至年率二四四一〇〇美元。其中，二月新屋平均售價較去年同期的三二一五〇〇美元下降七・八%，至二九六四〇〇美元。

二〇〇八年一月，新屋價格中值為二三五六〇〇美元，平均售價為二八二五〇〇美元。

二〇〇八年一月，美國二十個主要都會區的房價較去年同期下跌一〇・七%，這是該項指數從二〇〇〇年開始計算以來的最大跌幅。此外，一月的十個主要都會城市的房價指數較去年同期下跌一一・四%，為該指數自一九八七年起始以來的最大跌幅。

二〇〇八年二月底，新屋存量下降至估計數目四十七萬套，低於一月的四十八萬套。二月的新屋存量相當於九・八個月的供應量，與一月大致持平。其中，政府公布的一月初步資料為九・九個月。

從地區來看，二〇〇八年二月，中西部新屋銷量下降六・四%，東北部下降四〇・三%；南部增長五・七%，西部增長〇・七%。

二〇〇八年二月，成屋銷售數量雖較一月有意外增長，但同比去年仍跌超過兩成，同時成屋銷售價格創下四十年以來的最大跌幅。

在經受次貸危機發展為金融危機直至全球的經濟危機的傾軋之後，美國房地產市場銷量和售價雙雙齊跌，房屋止贖率創下數十年最高。在民眾的消費信心萎靡和對樓市、建築的投資縮水的擠壓下，房地產市場成交量持續下跌，只能繼續下探。

首先，銷量不樂觀。二〇一一年四月，舊房銷量五〇五萬套，環比下降〇・八%。此外，美國新房銷量也僅為一個月三十多萬套，其數值不到經濟學家所認為的健康值七十萬套水準的一半。

其次，售價不漂亮。標準普爾公司公布資料顯示，繼上一年第四季度下跌三・六%後，二〇一一年全美房價指數在第一季度再度環比下滑四・二%，已回落到二〇〇二年年中水準。

房價下跌所引發的止贖率高居不下，使得目前在美國約有一千四百萬人因為無法償還房貸而居無定所。房價的持續下跌引起的止贖率持續攀升將會拖垮人們對房地產市場的信心，如此長期的「量價齊跌」，在房地產市場疲軟與經濟大幅放緩的相互作用下，會阻礙社會經濟的持久增長，而社會經濟的不良發展又將反作用於房地產市場，使之長久地「量價齊跌」，最後形成這兩者之間惡性循環的死結。

根據以上示例，對於經濟的持久平穩增長，「量」、「價」是十分重要的因素，但對於一些普通股投資者習慣使用的技術分析法則中通常對「量」的描述：量比價還重要，股神巴菲特卻不苟同。

過去三十五年來，美國企業創造的優異成績，按理說投資人也應該獲得豐厚的回報，只要大家以分散而且低成本的方式搭順風車即可，但為什麼大多數投資人的績效卻慘不忍睹？

我認為這其中主要有三個原因：第一是交易成本太高，投資人的進出往往過於頻繁，或是花太多費用在投資管理之上；第二是投資決策往往是基於小道消息而非理性量化的企業評價而做出的；第三是淺嘗輒止的方法加上錯誤的介入時間，例如：在多頭上漲多時的高點才介入，或是經歷一陣子的底盤走勢後低檔退出。

——二〇〇四年 巴菲特致股東的信

「過高的交易成本是我們的大敵。」巴菲特對投資人如是說。降低交易成本，「價」更甚於「量」，巴菲特透過身體力行來證實，告訴我們：「要學會以四十分錢買一元的東西。」——成本意識非常重要。

真的放緩了嗎？

在許多人都認為房地產市場正在面臨一場前所未有而又曲折漫長的危機時，巴菲特又進行預言，暫且不說這個預言是否會實現，也不說它的根據所在，首先我們從他的言語中就可以看出他的輕鬆自如、悠閒淡定，為什麼他能做到這樣從容坦然？

當我們只著眼於房地產市場的發展現狀和極細小微觀的影響方面時，巴菲特已經放眼看遍整個社會經濟的發展趨勢走向和其中各行業市場之間的普遍聯繫與內在利害。

所以，當我們糾結於房地產近幾年的發展變化時，他已經全局考慮這個產業的未來前進方向和將要取得的成績。

「如果你能從根本上把問題所在瞭解透澈並且思考它，你永遠也不會把事情搞得一團糟！」巴菲特如是說。

從全局看市場，以目標為導向，看清楚問題的本質，想清楚到底要的是什麼。「**不理會股市的漲跌，不擔心經濟情勢的變化，不相信任何預測，不接受任何內幕消息，只注意兩點：買什麼股票，買入價格**」，才是作為一個優秀的投資人真正應該做的。

因此，巴菲特沒有過多地為房地產市場的處境和政府的債務危機著想，而是從長遠的角度出發，考慮增大購買更多公司和地方政府債券；他也沒有在分析完市場形勢後拘泥於到底是「量比價重要」還是「價甚於量」，而是很實際地堅定遵守自己的系統，並將其運用到實際的操作中——確定成本理念。

當我們從各個管道得到各種資訊，透過各種分析方法得出房地產市場危機的起因、過程、結果，其現在的狀況和未來幾年的甚至幾個月的發展，並且始終抓著「房地產市場是否真的放緩了？」這個問題時，巴菲特的錢已經在那個未來必然會恢復並且蓬勃發展的行業裡醞釀增值。因為這個市場的發展是加速還是放緩，只是我們考慮目前的可得利益，但是股票的發展是長期的，在股市裡我們很難找到能「立竿見影」的股票，在股市裡「擁有一支股票，期待它下個星期就上漲，是十分愚蠢的」。

我們可以發現：對於投資對象，巴菲特擁有十分的耐心。「**不在意一家公司來年可賺多**

少，只在意未來五～十年能賺多少」，因為「短於五年的投資是傻子的投資，因為企業的價值通常不會在這麼短的時間裡充分展現，你能賺到的一點錢也通常被銀行和稅務局瓜分」。所以，在確定房地產行業的未來發展前景總有一天會恢復並再度繁榮，這樣的選擇是自己的最優股後，巴菲特就立即投資。對於投資金額，巴菲特是向成本看齊的。「投資的第一條準則是不要賠錢，第二條準則是永遠不要忘記第一條。」因為如果投資一美元，賠了五十美分，手上只剩一半的錢，除非有百分之百的收益，否則很難回到起點。成本控制極為重要，股價越低越好，收益越高越好，無論是作為一名企業的經營者還是作為一位風險投資人，都期望用最小的成本獲取最大的利潤。在賺錢的同時，他也不忘用股本收益率來衡量企業的盈利狀況，因為股本收益率是用公司淨收入除以股東的股本，它衡量的是公司利潤佔股東資本的百分比，能夠更有效地反映公司的盈利增長狀況。

對於投資過程，巴菲特是堅持自己觀點的。「不要擔心短期價格波動，一個企業有內在價值，它就一定會表現出來，問題僅僅是時間」，股市沉浮，風險是絕對存在的，有風險才會有收益，巴菲特的投資信條就是賺錢而不是賠錢，他說：「我永遠也無法預測大盤的走勢，我也不在乎走勢，我甚至希望股票價格越低越好。」

—第三章—

網路泡沫：一九九九年將是網路投資熱最高峰

Warren
Buffett

二鳥在林，不如一鳥在手

《伊索寓言》中有一則格言：「二鳥在林，不如一鳥在手。」這個格言經常被巴菲特引用，其中蘊含許多現代金融投資的許多哲學道理，時至今日，依然值得我們學習借鑑。

想要瞭解這則格言的內在含義和寓意，首先需要先回答三個問題：

（一）這個樹林裡有多少鳥？

（二）這些鳥何時會同時出現在你面前？

（三）捕捉這些鳥，你需要投入的無風險資金成本是多少？

在巴菲特看來，這則格言蘊含著極為本質的、實用性強的投資觀，以上的三個問題直指我們投資時所考慮的三大根本問題。

在以上的三個問題中，我們可以把「樹林」比喻為所投資的股票，「鳥」則是企業裡的錢，從金融投資的角度來說就是現金。這樣一來，我們就可以明白這三個問題的含義，即：

（一）你知道這支股票值多少錢，即這個股票所具有的投資價值？

（二）你知道投資這支股票將會給予你多少回報，即你在投入資金之後將能夠收穫的資產是多少？

（三）你投資時所花費的投資成本和投資收益各是多少，即當你的最終收益報酬減去投資成本後你的最終獲益利潤是多少？

這樣一分析，我們可以看出，投資不管是在出發點還是在投資過程中抑或是在投資目的上，我們考慮的問題始終只有一個，很簡單地：收益——考慮最終收穫的實際利益。「商人重利」，這是一個很實際的問題，放在任何方面領域都有其存在道理。

「**你無法想像有誰只要在電腦上輸入正確的數字，就能輕鬆地獲得資金運用的最佳途徑！**」正如沒有人會願意白做工，天下沒有白吃的午餐一樣，當一九九九年網路被炒得火熱時，巴菲特保持他一貫的冷靜和理智，在仔細的考慮當前形勢以及這個項目與自身條件的契合程度後，確定這支股票的發展前景並不明朗，而且它的回報不能滿足自身要求後，巴菲特就果決地抽身只做觀望，絕對不靠近半步。事實也再一次證明巴菲特的明智，僅僅過了一年網路泡沫就破滅了，這個林子裡的小鳥才學會起飛，沒多久又栽回地上。

由於鳥是自由飛翔的，所以巴菲特對於其本體現金的要求相應地則是儲量雄厚、正向增長並具有一定流動性的自由現金流。

「現金流量」的觀念，確實可以適用於某些例如不動產或是初期需要投入大量資本支出而後僅需負擔少量維修的產業之上，具體的例子包含橋樑興建或使某些蘊藏豐富的天然氣油田。但是另一方面，「現金流量」卻不能適用於某些零售、製造、採礦及公共事業之上，因為其必須持續投入的此項金額相當巨大，這些產業有時候可以稍微忍住一兩年不做重大的投資，但是以五～十年長期來看，它們就不得不這樣做，否則企業的根基就會被侵蝕。

為什麼現在「現金流量」會變得如此流行？在回答此問題前，我們必須承認我們存在某些偏見，我們認為這些數字通常都是那些專門推銷股票及公司的人，企圖要將一些爛公司粉飾包裝出售所用的手法，當一般公認會計原則的盈餘看起來不足以支應往後的債務所需或是過高的股票價格時，這些業務員自然就會將注意力擺在這個比較好看的數字上。

——一九八六年 巴菲特致股東的信

如今，在波克夏公司下的現金流組合有公司的Cash Cow（搖錢樹產業）——時恩糖果公司和Star（明星產業）——「霹靂貓」巨災保險業務，其中時恩糖果公司的銷量和業績長年保持穩定增長，作為公司主要收益來源和主體利潤產業的主要產業「霹靂貓」，提供充足穩定的後備現金。這樣的組合協調，使得波克夏公司無論是處於經濟繁榮時期，還是經濟蕭條時期都得以穩健發展。

所以，巴菲特的投資行為自始至終都貫徹這一條主線：賺錢，在此之後的投資過程和活動都緊密圍繞著這個主線展開，這樣的投資過程在明確的目標和條件下才可以控制出色，即：「**投資法則一：永遠不要賠錢。投資法則二：永遠不要忘記法則一。**」

有多少能讓投資者賺錢？

二〇〇〇年初，在全世界掀起一股所謂的網路概念股的風潮，該股的飛快盛行很快就引起人們的好奇，出於對它的新奇和該股本身的與眾不同，許多投資者將目光鎖定在這個新興股業上。

然而，就在每個人蜂擁搶買網路股的高潮時候，巴菲特卻緊握資金絲毫不為所動，堅如磐石地守著自己以往的股業。他聲稱自己不懂得高科技，沒有辦法投資。那個時候，大家都一致認為這位叱吒風雲半世紀的「股神」已經落伍了。然而，就在一年後，全球的股市出現大幅撥轉，高科技網路股股災為患，並且愈演愈烈。

就在這個來得也快去得也快的網路泡沫埋葬一批瘋狂的投機家的同時，大家又一次被巴菲特所展現穩健的投資大師的風采所折服，伴隨著網路股的迅速退潮，巴菲特最終還是成為最大的贏家。

所以，我們經常會聽到「股市猛如虎，投資需謹慎」這樣一類的溫馨提示。正如大家都深知股票的變幻無常那樣，在風波四起的股市之中，你可能上一秒還在全線攀紅，然而就在下一秒你就會垂線下降，直接跌破發行價。

股市的魅力在於它的收益很高，但是這樣的機會實在少之又少。相反的，現實中卻有許多人是被股市給死死套牢的，大部分的人是在隨著股價的漲跌或喜或悲、不上不下，所以股票的高收益性所對應的高風險性才是投資者應該著眼並深思的地方。機會與風險並存——始終是股市和股票的基本特徵。

然而就有人開始鑽漏洞，既然機會與風險並存，冒個大險應該就能賺到大錢吧！有這樣想法的人，在二〇〇〇年推動網路股高潮的那批投資者中應該是不乏少數的。但是，這並不是風險投資，而是佔盡風險，卻沾不到機會的邊！

「股神」華倫・巴菲特，在他的二〇〇〇年致股東的信中曾經這樣寫道：

根據歷史記錄，二十世紀七〇～八〇年代在二百家盈餘最高的公司中，算算到底有幾家在此之後能夠繼續持續一五％的年盈餘成長率。你會發現，能夠達到這個目標的公司少之又少。我可以與你打賭，在二〇〇〇年獲利最高的二百家公司中，能夠在接下來的二十年年均成長率達到一五%的，絕對不超過十家。

由此可見，那些在市場競爭中的企業佼佼者裡，能夠成功使年均成長率達到一五%這個要求的尚且不到總數的五%，而在許多投資者中，又如何能夠總有人慧眼識珠而百投百中、屢試不爽？在以上的這些企業中的精英們裡，又有多少能夠真正讓投資者最終獲得豐厚的收益？或是說，又有多少投資者能夠因為投資絕世好股而賺得盆滿缽滿？答案自然不言而喻。

即使這樣，還是有人被眼前不辨真偽的大好行情所誘惑，失去理智地往股市大坑裡不斷地投錢，他們沒有清醒地認識到，這樣的行為不是投資，而是盲目跟風，「與上帝一樣，市場會幫助那些幫助他們自己的人。與上帝不一樣的是，市場從來不會原諒那些不知道自己在做什麼的人。」如果你沒有自己確切的目標而一味地盲從，市場將會無情地淘汰你，然後狠狠拋棄。

因此，巴菲特警示投資者們：「有風險是因為你不知道你在做什麼。」

對於投資，巴菲特的主要風險規避策略是：降低風險。在實際的投資上，巴菲特向來只投資他瞭解的領域，即：首先，理性地分析並找出自己能夠掌握、熟知的領域；然後，劃分自己瞭解並適用的投資範圍；其次，根據自我分析和目標範圍準確定位相對應的投資對象——股票；接著，充分收集並瞭解相關股票的發展狀況及其發展過程中所反映出來的企業內部情況，進而大致分析預測出該股的未來發展方向和前景；最後，做出對應的投資決策，或加大投資，或持資觀望，或撤回投資。

在這裡我們需要謹慎投資，「我很崇拜安迪・葛洛夫和比爾・蓋茲，但是我不會買英特爾或是微軟的股票，因為我不知道十年後世界將是怎樣的。我不想參與到這些別人擁有絕對優勢的遊戲中。」即使是極為要好的朋友，巴菲特也絕對不涉足自己不瞭解的股票領域。

不投資自己不瞭解的企業，這個信條是促使巴菲特成功的關鍵之一，以人為鑑，可以知得失，所以我們需要多向巴菲特學習：「**永遠不要做自己不懂的事情。**」

最高峰是否到來？

在網路泡沫風行的一九九九年，風靡全球的網路股前景看似一片大好，正值大家都以為這是將要登上投資熱最高峰的時刻，令人跌破眼鏡的是：就在僅僅一年的時間裡，炙手可熱的網路股就歷經股海的風浪起伏，在大起大浮之中從股市頂端直轉而下，最後潰敗千里，一蹶不振。

是什麼導致原本很被看好的股票最終跌到一敗塗地？又是什麼令這些本來雄心勃勃的投資者們最後股市失意、慘澹收場？

因為投機不可能獲得長久的利益，只有未雨綢繆、苦心經營才會博得長盛不衰，投機者的鼠目寸光看到的只是短期的好處，真正的財富是在日積月累的謀劃預測中逐漸累積而日久彌新的。

我們有一個目標是希望波克夏的股價能與其本身擁有的實質價值成正相關（請注意，是合理的正相關而非完全一致，因為如果一般績優公司的股價遠低於其真正價值，波克夏也很難免除在外），而一個公司要維持合理的股價與其背後的股東有很大關係。

如果公司的股東與潛在的買方主要都是基於非理性或情緒性而投資該公司股票，公司股票就會不時出現很離譜的價格，躁鬱的人格會導致躁鬱的性格，這種性格甚至有助於我們買賣其他公司的股票，但是我們儘量避免這種情況與波克夏沾上邊，而這將會對身為股東的你我有利。

……

我們儘量避免那些會招來短期投機客的舉動，而採取那些會吸引長線價值型投資者的政策，就像你在布滿這種類型投資者的股票市場中買進波克夏的股票，你也可以在相同的市場中賣出，我們儘量維持這種理想的狀態。

——一九八三年 巴菲特致股東的信

巴菲特是主張長期投資的，他也是這樣全心地貫徹奉行，「**選擇少數幾種可以在長期拉鋸戰中產生高於平均收益的股票，將你大部分資本集中在這些股票上，不管股市短期跌升，**

堅持持股，穩中取勝。」

所謂「路遙知馬力，日久見人心」，要看一支股票是否值得投資，就要看這支股票的背後是否有一個具有長期發展潛力的企業。我們根據這個企業的長期發展情況，確定這支股票是否具有投資價值，即這支股票是否能夠實現我們對其投注資金的目的，並且較好地持續其回報我們投資的行為，像網路股這種僅僅短期內就破滅的股票毒藥從來不會進入真正懂得投資之道的投資者們的「法眼」。

然而，想要充分瞭解一個企業的長期發展及其目標規劃，巴菲特告訴我們：「**我們在投資的時候，要將我們自己看成是企業分析家，而不是市場分析師或經濟分析師，更不是有價證券分析師。**」

所以，站準立足點，從企業自身的發展角度看這個企業及其股票的前期狀態、當下情況和未來走向，即將你看作是這個企業的最高管理者，去分析企業一直以來的綜合競爭力及其優勢和該企業未來的可持續發展性以及長期發展遠景。

每當查理和我為波克夏旗下的保險公司買進股票時，我們的態度就像我們買下的是一家私人企業一樣。我們著重於這家公司的經濟前景、經營階層以及我們支付的價格，我們從來就沒有考慮再把這些股份賣出。相反的，只要能夠預期這家公司的價值能夠穩定地增加，我們願意無限期地持有這份股份。

……

我們的方式在交易熱鬧的股票市場相當管用，因為市場經常不時地就會浮現令人垂涎三尺的投資機會，但價格其實並不太重要，因為就算是我們持有的股票停止交易很長時間，我們也不在意。

——一九八七年 巴菲特致股東的信

巴菲特要告訴我們的是：真正的投資需要魄力和耐心，你要有能力看出每支股票的潛在優勢，要有膽量去投資你看好但是不受大眾好評的股票；真正的投資不是靠投機，投資者要能夠滿足自己所買股票需要的長期發展，即無期限投資，而投機者則是如果股價走高就迫不及待地轉手賣出，以獲得當前的蠅頭小利。

二〇〇〇年破碎的夢

如同泡沫一樣，網路投資迅速湧現，隨後又驟降消失，人們妄想透過簡單的隨眾朝新，而輕鬆獲取股票回報，這樣的想法無非是黃粱美夢，做做就夠了，股市雖然難免投機，但依舊是從實際出發，自現實中而來而回歸現實。

有資料顯示，在二〇〇〇年的「網路股」這個泡沫投資熱中，當那些搶購股票的投資者們被問及他們對於未來十年的預期投資報酬將會有多少時，這些雄心勃勃的投資者們的回答是：平均每年的投資報酬將會是一九%。

然而我們真正面對的現實是，網路股並沒有帶來投資的最高峰，更沒有讓這些信心滿滿的投資者們賺得盆滿缽滿。這場炒得轟轟烈烈的泡沫最終以慘澹收場，這場看似光華美好的股市美夢最終也是以破碎為結局。

目前市場參與者對一些長期而言明顯不可能產生太高價值或根本沒有任何價值的公司給予極高的市值評價，然而投資人依然被持續飆漲的股價所迷惑，不顧一切地將資金蜂擁投入到這類企業，引發不合理的股價預期而與其本身應有的價值明顯脫鉤。

伴隨著這種不切實際的情況而來的，還有一種荒唐的說法叫做「價值創造」。我們承認過去數十年來，許多新創事業確實為這個世界創造出許多價值，而且這種情況還會繼續發生，但是我們打死也不相信，那些終其一生不賺錢甚至虧錢的企業能夠創造出什麼價值，它們根本就是摧毀價值，不管在這段期間它們的市值曾經有多高。

在這些案例中，真正生產的只是財富移轉的效應，而且通常都是大規模的。部分可恥的不肖商人利用根本就沒有半隻鳥的叢林，從社會大眾（其中也包括他們自己的朋友與親人）的口袋中騙走大筆的金錢。事實證明，泡沫市場創造出泡沫公司，這是一種賺走投資人手中的錢而不是幫助投資人賺錢的幌子。通常這些幕後推手的最終目標不是讓公司賺錢，而是讓公司上市掛牌，說穿了這只是老式連鎖騙局的現代版，而靠手續費維生的券商就成為專門送信的郵差幫凶。

——二〇〇〇年 巴菲特致股東的信

對於網路泡沫，巴菲特的見解深刻而獨到。究其根本，這些泡沫經濟和股票並非真正的實際存在體，而是依附著投資者們堂而皇之地佯裝是良駒一樣，肆意狂奔在變幻莫測的股市之中。然而，這群無頭之馬沒有實際的裝備和確切的目標，一切都是它們自己吹噓浮誇出來的，它們只會帶著這些一心想著能夠賺得又快又多卻不多加思考的投資者們，跑到哪裡算哪裡。

這段期間，它們打著股價飆漲的光輝招牌，一路哄騙著那些已經上船的投資者們，令他們繼續做著年投資報酬平均一九％的美夢，進而讓他們持續不斷地向這個無底之坑投注更多的資金。另一方面，它們利用其虛假的實質和業績、股利招來更多新的一批即將入狼窩並任其宰割的羔羊們。

如果這些所謂的股市良駒們跑不動或跑不了，它們乾脆就把那些養育它們許久的投資者們棄置一旁不顧。投資所得的錢？沒有。投資的錢？砸了。這些投資者們？套牢了。最終，正如巴菲特所說，這些公司只是上市掛牌，以投資為名行詐騙之實，最終這一切活動的成本和開銷全部都是投資者們來買單。

經過這個教訓，我們對於那些熱門股應該理性地懷疑分析，切忌跟風盲從，即使是看似簡單的投資，實則也是暗潮洶湧。

在看到一九八八年的豐碩套利成果後，巴菲特並沒有急於跟進，而是決定採取觀望的態度。「一個好的理由是我們決定大幅提高在長期股權方面的投資，所以目前的現金水位已經下降，經常讀我們年報的人可能都知道，我們的決定不是基於短期股市的表現，我們注重的是個別企業的長期經濟展望，我們從來沒有以後也不會對短期股市、利率或企業活動做任何的評論」，正是這樣的冷靜和果決使得巴菲特在他的投資道路上走得平穩而又長久，「**只有在退潮後才知道誰在裸體游泳**——我們一直關注的那些最大的金融機構，其景象可謂慘不忍睹」，與真正的成功者看齊，我們應該學會平靜而客觀地全面看待並分析股市中各式各類的漲潮和低潮。

巴菲特要告訴我們的是：真正的投資需要魄力和耐心，你要有能力看出每支股票的潛在優勢，要有膽量去投資你看好但是不受大眾好評的股票；真正的投資不是靠投機，投資者要能夠滿足自己所買股票需要的長期發展，即無期限投資，而投機者則是如果股價走高就迫不及待地轉手賣出，以獲得當前的蠅頭小利。

一第四章一

蓋可保險公司：全球業績最好的保險公司

看好蓋可保險公司半世紀

蓋可保險公司，由利奧‧古德溫和他的妻子共同創建。在這其間，巴菲特對其首次投資四千五百萬美元，時至今日，已經盈利七十億美元。最後一次的投資，巴菲特投資二十三億美元，雖然「這實在是天價，但是它讓我們可以一〇〇％擁有一家深具成長潛力的企業，而且其競爭優勢從一九五一年到現在一直都維持不變」。至此，巴菲特擁有這家企業的另一半股權。

為什麼巴菲特會如此看好蓋可保險公司？是什麼讓他始終如一地對蓋可保險公司持續投資並保留對蓋可保險公司的股份控制權？又是什麼令巴菲特對於蓋可保險公司一度看好以及對它的期待並不隨時間的推移而消逝，反而在日趨激烈的市場競爭中日久彌新？這就要從巴菲特一九九五年致股東的信裡尋找答案。

我是在一九五〇～一九五一年就讀於哥倫比亞大學，當時的目的不在於取得學位，終點還在於我可以受教於當時在該校任教的葛拉漢門下，上他的課實在是一種享受，我很快就從偶像那裡學到許多東西。有一次我翻開全美名人錄，發現我的恩師是公務人員保險公司蓋可保險公司（GEICO）的董事會主席，對於當時的我而言，那完全是一家陌生產業的不知名公司。

在一九五一年一月的某個星期六，我搭車前往位於華盛頓的蓋可保險公司總部，我遇到當時還是副總裁的洛里默・戴維森（Lorimer Davidson），後來他成為蓋可保險公司的總裁，雖然我唯一的經歷背景只是葛拉漢的一名學生，但戴維森還是很好心地花了四個小時左右的時間，好好地給我上一課。戴維森很坦白地告訴我，蓋可保險公司的競爭優勢在於直接行銷，這是該公司相較於一般競爭同業，透過傳統的業務仲介的經營方式，所負擔的成本要低得多，後者受限於傳統，無法擺脫行之有年的行銷網路。在上過戴維森的課之後，蓋可保險公司也成為我有生以來最心動的一支股票。

你可能會覺得很奇怪，但是從一九四四年開始報稅到現在，我都保留每年個人報稅的資料，在將這些資料拿出來比對之後，我發現在一九五一年我總共分四次買進蓋可保險公司股份，最後一次是在九月二十六日。所以，大家可以看出，蓋可保險公司可以說是我投資生涯的「初戀」。

——一九九五年 巴菲特致股東的信

在巴菲特看來，投資不僅要看投資企業的發展歷程、現狀以及未來前景，更要看企業表面狀況背後的那些經營者們，因為好的經營者才能將企業管理得有條不紊，才能使企業走得更加長遠持久。

巴菲特看好蓋可保險公司半世紀之久的原因就在於此，正如他自己所說的那樣：「比爾・蓋茲不賣軟體賣漢堡，一樣可以打敗麥當勞」，好的企業在於有好的管理經營者，只有好的管理經營者才能帶領整個企業蓬勃發展，才能給投資者們帶來長久豐厚的利潤。

在蓋可保險公司裡，班傑明・葛拉漢作為巴菲特的老師，在他心目中，葛拉漢始終是他的偶像，他自稱自己是八五%的葛拉漢和一五%的費雪，可見葛拉漢是一位資深而且深諳投資之道的投資家，有他擔任董事會主席的蓋可保險公司自然會有很好的發展道路和前景。巴菲特繼續持久地投資其原因還有「更重要的是，蓋可保險公司擁有兩位相當優秀的經理人，一位是專門負責保險部門營運的托尼・萊斯利（Tony Nicely），一位是專門負責投資部門營運的盧・辛普森（Lou Simpson）。」

在一九八〇年到一九九五年，盧・辛普森的年度投資報酬率高達二二・八%，這樣的成績絕對不亞於巴菲特。為此，巴菲特稱讚他：「**查理和我本人如果有任何突發狀況時，可以立即接手我們工作的專業人士。**」

歷經半個世紀之久，蓋可保險公司中一美元的留存收益已經創造三・一二美元的市值增長，這種超額盈利能力創造超額的價值。這都是因為蓋可保險公司最終在破產的風險下獲得巴菲特的注資，迎來巨大的安全邊際，進而度過危機起死回生，並且在之後的二十年中再創輝煌，在二十年內盈利二十三億美元，投資增值五十倍。

現在的市場競爭主要在比人才，誰擁有的人才越多，這個企業成功的可能性就會越大，企業的實際價值就在於這些擁有非凡能力和超強素質的人才們，企業的發展不在於資產、市值，而貴在人才。

衰退將創造機會

一九七六年，由於蓋可保險公司的管理階層錯估保險的理賠成本，結果導致整個企業面臨前所未有的危機，導致企業瀕臨破產即將倒閉。

就在此時，「股神」巴菲特卻一反眾人棄之如敝屣之常態，大手一揮，就從一九七六年一直投資到一九八〇年總共四五七〇萬美元。至此，巴菲特持有蓋可保險公司三三．三％的股權。

一直到一九九五年，巴菲特所投資的蓋可保險公司股票已經增值五十倍，為其淨賺利潤二十三億美元。與此同時，巴菲特還在不斷地回收購買股票。在那個時候，他所持有的股票比例已然增長到五一％。同年，巴菲特又斥鉅資二十三億美元回購其他部分不屬於自己的股權，最終將其收歸旗下，使之成為波克夏公司帶領之下全資子公司。

為什麼巴菲特會在每個人都不看好蓋可保險公司的時候買進入股？他是如何能夠預先看到這家公司將會起死回生，重創佳績？

其實，深受班傑明．葛拉漢影響的巴菲特，從十九歲開始就始終堅守一個信念：「**聰明的投資者應該盼望股價下跌而不是不斷上揚**」，這就是他的恩師葛拉漢在《聰明的投資者》中首次提出的觀點。經過老師的提點，巴菲特豁然間就開朗了，從中他明白低成本才是投資者投資的極大優勢。正如巴菲特在一九九八年寫給股東的信中這樣寫道：

對於大盤的走勢我一無所知。雖然我的偏好無足輕重，但是我希望它向下調整。市場對我們的感情是無暇顧及的，這是你在學習股票時，首先要瞭解的……未來十年裡，在座的每個人都可能是股票的淨買家，而不是淨賣家，所以每人都應該盼望著更低的股價。未來十年裡，你們絕對是漢堡的大吃家，所以你盼望著更便宜的漢堡，除非你是養牛專業戶。如果你現在還沒有擁有可口可樂的股票，你又希望買一些，你一定盼望著可口可樂的股價走低。你盼望著超市在週末大拍賣，而不是漲價。

股價越便宜，投資就會越有利。這是導師班傑明．葛拉漢傳授給巴菲特的投資原則，同時也在反覆的實證中，成為選擇績優股的一項重要的標準。

蓋可保險公司的成功沒有任何深奧的道理，該公司的競爭優勢完全拜其超低成本的經營模式所賜，低成本意味著低售價，低售價自然就能夠吸引並留住優良的保險客戶，整個營業流程在滿意的客戶向他們的朋友推薦蓋可保險公司時畫下完美的句號。靠著客戶的推薦，蓋可保險公司每年至少因此增加一百萬張保單，佔新接業務量的半數以上，也使得我們新接業務成本大幅下降，進而又進一步降低我們的成本。

——一九九六年 巴菲特致股東的信

在我們的身邊可以看到，許多的商家都在降價特賣，大家都希望透過這個方法招徠更多的顧客，並以此來打壓競爭對手，而蓋可保險公司也是如此，降低成本有利於產業規模的進一步擴大，如此的規模經濟正好能夠透過拉大收益和成本的差價來獲取更多的毛利，如此就豐厚企業及其投資者的各方利益。

巴菲特正是看到這家公司走入低谷，此時公司的股價必然會隨著企業的危急而一同低迷下跌，巴菲特就可以用價位低廉的成本購進大量股份。作為一家產業龐大、服務廣泛、廠家合作商普遍覆蓋，並且顧客眾多的長青企業，即使是餓死的駱駝也會比馬大，一時的危機不會讓這個家大業大的企業就此垮掉，正是看準這一點，所以巴菲特才會在這個時候放手一搏。

果然不出所料，蓋可保險公司不負眾望地又在絕處中尋找出新的生存之道，並在總結之前的錯誤中更加強化企業的管理模式和操作方式，使得整個企業從技術到結構都重獲新生，達到新的發展高度。這樣的改善更有利於蓋可保險公司未來的發展，也更有利於投資者，即此時的全權控股的巴菲特的收益要求。

不怕它出問題

可以很肯定地說，保險是一個在高收益中同時又伴隨著高風險存在的行業。像蓋可保險公司這樣的大型企業，也會難以避免地出現一些危及其發展存亡的空前危機，正如巴菲特所說的那樣：「保險與投資一樣，如果你認為自己每天都要進行投資，你註定要犯下很多錯誤。」對於投資與保險這兩個高風險還伴隨著高收益的行業，我們應該看到，在其存在著機會的同時也存在著永遠也無法避免的風險，你隨時都要做好賠錢的準備。

但是儘管如此，巴菲特還是放心大膽地在投入四千五百萬美元給蓋可保險公司之後，又陸續投資二十三億美元，他用此將剩下的所有不屬於自己的所有股份全部收歸己有。他這麼做，難道只是因為危機中的蓋可保險公司股票狂跌，如此便宜的股價令巴菲特心動了？

其實並不完全是這樣，股價的迅速下跌確實是巴菲特購買蓋可保險公司股票的重要原因之一。然而，真正讓巴菲特選擇投資並如此信任的原因，是出於巴菲特的集中投資策略。

對於超級災難保險業務，巴菲特的看法是這樣的：

> 從本質上來說，超級災難保險業務是所有保險種類裡面波動最大的一種。但是我們知道，發生重大災難的年份遠遠少於那些平安無事的年份，所以我們的業務在大多數年份裡也是可以預期的。當然，我們也曾經有非常重大的損失，這是可以肯定的。

從大多數人的角度出發，買保險並不是真的有災有難，而是為了花錢投保——防患於未然，正如巴菲特所說，這個世界上的大災難絕對不可能經常發生，每年發生都是不可能的，那些沒有大災難的年月裡，那些投保人所用來防患而買的保險的錢，則實際進入那些超級災難保險公司的口袋，所以巴菲特很放心。

出於這樣的考慮，巴菲特採取集中投資持股的策略，例如：規定自己一年內最多只買賣兩次，以提升選股的品質和股票的價值。

> 查理和我很早以前就明白，在一個人的投資生涯中，做出上百個小一點的投資決策是一件很辛苦的事情，這種想法隨著波克夏資金規模的日益擴大而更加明顯。放眼投資世界，可以大幅影響本公司投資成效的機會已越來越少，因此我們決定只要求在少數時候夠聰明就

好，而不是每次都要非常聰明，我們現在只要求每年出現一次好的投資主意就可以。

我們採取的這種策略，排除依照普通分散風險的教條，許多學者就會言之鑿鑿地說這比起一般傳統的投資風險要高許多。這一點我們不敢苟同，我們相信集中持股的做法同樣可以大幅降低風險，只要投資人在買進股份之前，能夠加強本身對企業的認知及對競爭能力熟悉的程度。在這裡我們對風險的定義，與一般字典裡的一樣，指損失或受傷的可能性。

——一九九三年 巴菲特致股東的信

在巴菲特看來，集中持股就是在徹底瞭解的一些領域的股票之中，選取出在長期市場競爭的變化中，能夠始終保持其產出高於平均收益的優秀股票，只需要幾個，然後將自己所持的所有資金相應地分為幾部分，分別投入這幾支股票。投資以後，不管股市如何波動，無論股價走勢如何，始終堅持控股。

這樣一來，如果只是一直堅持並良好地運用這個集中持股的策略，投資者們就可以無需關心每日裡股價的漲跌行情和股票的短期情況，而是不計較短期波動和短期收益，在全面充分地瞭解所選股票的條件之下，從長期發展的角度出發，集中手上的資金做「每年出現一次好的投資主意」，不受干擾地只關注這幾支股票的發展走向。透過這樣的方法，來規避過多和不夠冷靜理性的投資決策，在長期的持股中穩重求勝。

「如果你對投資知道得非常有限，那種傳統意義上的多元化投資對你就毫無意義。你不妨將精力放在瞭解企業的經營狀況上，並從中選出五～十家價格合理而且具有長期競爭優勢的公司」，巴菲特就是這樣忠告普通的投資者，與其守著許多自己難以預測其未來的股票們，並為此費盡心神，不如只選擇幾支自己瞭解熟悉的股票來長久地悉心照料，這樣不管是對企業還是對投資者不失為一項穩定有利的決策。由於十分的瞭解，所以投資者們無需太過擔心股票的短期行情，因為它的長期走勢是你可以預見的。所以，巴菲特這樣將所有資金投注到自己極為瞭解的企業中，是不會害怕它出現問題的。

二十年漲了多少倍？

投資蓋可保險公司是巴菲特極為智慧的決策之一，這家公司從創立以來就一直以傲人的成績令投資者們保持滿意，在歷經各位優秀的管理經營者們的決策領導中，公司從董事會主席班傑明・葛拉漢到托尼・萊斯利再到盧・辛普森。在他們的領導之下，始終保持平穩增長的步伐，為巴菲特等股東們一次又一次地創造豐厚的利潤。

對於巴菲特長期的信任和不斷的投注資金，蓋可保險公司也做出很好的成績，它利用巴菲特投資的四千五百萬美元發展產業，如今盈利七十億美元，它接受巴菲特投資的二十三億美元起死回生，然而卻在二十年後，令其投資增值五十倍。

這張近乎完美的答卷，不管是誰看到都會歡喜滿意，二十年投資漲了五十倍，下一個二十年會是怎樣的佳績？在這樣平穩佔盡優勢的績優股，我們對它的期待似乎越來越大，這二十年它是如何投資增值五十倍的？巴菲特又是怎麼能夠看出這家公司的迅猛發展並透過這樣投資增值，而使自己的投資收益連續倍增？

我們的投資組合還是沒有多大的變動，我們打瞌睡時賺的錢比起醒著的時候多很多。

按兵不動對我們來說是一個明智的行為，就像我們或其他經理人不可能因為謠傳聯準會可能調整貼放利率，或是華爾街那幫土匪大幅改變他們對股市前景的看法，就決定把旗下的高獲利的金母雞賣來賣去一樣，我們也不會對擁有部分所有權的公司股票任意賣出。投資上市的公司股票的秘訣與取得百分之百的子公司的方法沒有什麼兩樣，都是希望能夠以合理的價格取得擁有絕佳競爭優勢與德才兼備的經理人，也因此大家真正希望應該關注的是這些特質是否有任何改變。

只要執行得當，運用這種投資策略的人到最後會發現，少數幾家公司的股份將會佔他投資組合的一大部分，這就像一個人買下假設一群極具潛力的大學明星籃球隊員二〇%的未來權益，其中有一小部分球員可能進到NBA打球，投資人會發現因此從中收取的權利金將會佔其收入的絕大部分。

——一九九六年 巴菲特致股東的信

由於巴菲特關注的是確定並穩定的獲利，所以他所投資的公司都是能夠擁有持續在市場競爭中佔領優勢地位的能力，並且這些公司還必須延續這樣的競爭優勢長達十年或十年以上，甚至是更久。

因為具有頑強生命力和龐大客戶基礎，蓋可保險公司的發展前景尤為可觀，並且這個被巴菲特看好半個世紀的企業還擁有極為優秀的經理人團隊的蓋可保險公司，自然就成為巴菲特長期投資並期望獲得利潤倍增的不二選擇。

二十年漲了多少倍？在他們看來，「二十年漲了多少倍」只是一個結果，一個透過全面分析、理性判斷、冷靜決策後必將得到的一個結果，如果執行得當、控制得宜，二十年漲多少倍都不是問題。

投資獲利最主要的源頭就在於選擇決策，因為「我相信一定要掌握別人悟出的道理中最為精彩的部分，我不相信僅靠自己坐下來，就能夢想出一些觀點，沒有人是那麼聰明的」，所以巴菲特因為投資人而投資企業，他看中這家公司的管理經營團隊，於是出於對他們的信任而長久持有其股份。

「在生活中，如果你正確地選擇你的英雄，你就是幸運的。我建議你們所有人，盡你所能挑選出幾個英雄，沒有什麼能比得上正確地選擇自己的英雄更為重要。」巴菲特的話，說明一個投資的核心問題：選擇什麼樣的人，就是選擇什麼樣的股票。所以，選對人就是選對股票，英雄不是每個人都能碰到，但是在魚龍混雜的市場之中選出那些優秀的人及其帶領下的優秀公司名下的績優股，就需要你慧眼識珠。

如果你對投資知道得非常有限，那種傳統意義上的多元化投資對你就毫無意義。你不妨將精力放在瞭解企業的經營狀況上，並從中選出五～十家價格合理而且具有長期競爭優勢的公司。

—第五章—

任何人都無法擊敗可口可樂

Warren
Buffett

下一個比爾・蓋茲將在這裡產生

二十世紀八〇年代，巴菲特名下的波克夏・哈薩威公司斥資買下可口可樂公司，然而在那個時候，可口可樂公司的收益額度以及它的市場盈利率只能算得上是現在所得利率的零頭，就是這個在那個時候看似並不火紅的企業，卻被巴菲特的慧眼看到。

正是看中可口可樂公司將會在全球化的發展中迸發出仍然可以挖掘的巨大潛力——作為一種在全世界都廣受歡迎的飲料，所以出於對可口可樂公司全球性發展的看好，巴菲特決定買下可口可樂公司。

作為巴菲特「永恆的持股」之一的可口可樂公司，當然也沒有令這位大股東失望，公司一開始致力於製造、配銷、包裝和產品的創新，在創造成本優勢和品牌優勢並不斷強化之後，即使沒有好的管理經營者，並且有強勁的競爭對手，可口可樂公司仍然能夠在飲料領域獨領風騷。

最近我正在研讀可口可樂一八九六年的年報（所以大家現在看我們的年報應該還不嫌太晚），雖然當時可口可樂已經成為冷飲市場的領導者，然而在當時該公司卻早已規劃好未來的百年大計。面對年僅一四・八萬美元的銷售額，公司總裁艾薩・坎德勒（Asa Candler）表示「我們從來沒有放棄告訴全世界，可口可樂是能夠提升人類健康與快樂、最卓越超凡的一件東西。」雖然我認為健康這件事情還有待努力，但是我很高興可口可樂在一百年後的今天，始終還是遵循坎德勒當初立下的願景。坎德勒繼續說：「沒有其他東西的味道能夠像可口可樂一樣深植人心。」

——一九九六年 巴菲特致股東的信

如今的可口可樂公司，其從創立發展到持續繁華已經超過一百年之久，當初坎德勒的百年大計也已經在可口可樂的每年銷售新高中畫上完美的句號。在日久彌新的產品生產與銷售中，可口可樂這個逐漸形成的世界級飲料品牌，已經隨著其本身產品深植人心的味道，一同滲入人類生活的每個角落，在繼微軟之後的下一個比爾・蓋茲將很有可能在這裡產生。

正如坎德勒在可口可樂公司一八九六年的年報中所說的那樣：「從今年三月開始，我們雇用十名業務員，在與總公司保持密切聯繫下巡迴各地推銷產品，基本上我們的業務範圍已經涵蓋整個美國。」龐大的產品覆蓋面以及優質的產品品質和良好的品牌形象，使得可口可樂公司在飲料界立於不敗之地。

《財星》雜誌一九三八年報導：「實在很難再找到像可口可樂這樣擁有這麼大的規模，而且又能持續十年保持不變的產品內容。」同時，對於可口可樂的每年暢銷，《財星》也曾經這樣評論：「每年都會有許多重量型的投資人看好可口可樂，並對於其過去的輝煌紀錄表示敬意，但也都做出自己太晚發現這個公司的結論，認為該公司已達巔峰，前方的道路充滿競爭和挑戰。」但是事實證明，無論經過多久時間，持續的銷售佳績以及持續產品巔峰的可口可樂公司依然穩坐飲料界的龍頭寶座之位。

我們都知道，作為ＩＴ界的技術天才，比爾・蓋茲一手創立的微軟集團幾乎壟斷所有電腦內置中的所有部件和所有軟體。同時，作為一名商業巨人，比爾・蓋茲又因為微軟獨一無二的技術、成本和品牌的優勢，一躍而成為世界首富。更重要的是，這使得比爾・蓋茲當之無愧地成為世界最令人景仰嚮往的風雲人物之一。

同樣以這個蓬勃發展趨勢，馳騁商場一百多年的老將可口可樂公司，我們可以預見，在這個優秀的高獲利企業中，我們可以找到一個像比爾‧蓋茲一樣讓可口可樂持續不斷地獨佔業界鰲頭，再創輝煌佳績的管理領導者。在可口可樂百年不老的品牌招牌之下，下一個比爾‧蓋茲將會在這裡產生。

你永遠猜不到的高成長與高價值

在現在這個充滿競爭的自由市場的大環境之下，飲料巨頭可口可樂公司始終都保持令人滿意的傲人業績。在一九三八年的這一年裡，可口可樂公司的年度總銷量只有兩億箱，然而當發展到一九九三年的時候，可口可樂公司的飲料在這一年裡卻已經賣出高達一〇七億箱的數量。於是，從創立並發展到這個階段，可口可樂公司已經躍然成為飲料市場的頭號領軍企業。與此同時，在之後的將近五十年的時間裡，可口可樂公司的總銷量又有五十倍的增長。

那些在一九三八年才投資入股的股東們，仍然可以不斷地從可口可樂公司那裡獲得豐厚的利潤回報，即使是那些在一九一九年才投資的股東們，哪怕只是四十美元，那些投注資金在可口可樂股票的投資者們，在一九三八年依然可以獲得三二七七美元的高額回報。但是，如果是在一九三八年重新在可口可樂公司投注四十美元的股票資金，直到一九九三年底，股票就可以增長到二萬五千美元。

寶潔是一個很好的公司，擁有很強的行銷網路，旗下有很多名牌。如果你告訴我，我要離開二十年，這段期間我們家族的資產都放在寶潔上，我不會感到不高興。寶潔是我五％的選擇之一，二十年的時間它不會消亡的。

但是未來二十年、三十年的時間裡，相對於寶潔，我對可口可樂公司的單位增長率、定價能力更看好。設想一下，數以十億計的日均消費量，多一分錢那就是一千萬。波克夏擁有八％的股份，那就是每天八十萬。看上去不是不可能，不是嗎？現在就想漲價，在很多市場是行不通的。但是假以時日，二十年以後，可口可樂在單位消費量上一定賺得更多，並且總量上也會賣得更多。我不確信這個漲幅會有多大，但是我確信一定會增長。

——一九九八年 巴菲特在佛羅里達大學商學院的演講

「人們不願意每天都吃麥當勞，但是喝可樂的人，今天喝五罐，明天可能還會喝五罐。」所以，可口可樂公司的銷售量始終都是居高不下的，大眾們對可口可樂產品始終如一的喜好，使得市場對可口可樂飲料的需求只增不減，如此持續長久的需求使得可口可樂公司每時每刻、每天每年都在盈利。

由此我們可以看出，在巴菲特等許多優秀管理經營者的決策領導之下，可口可樂公司成功地創下僅用十二年的時間，就回購二五％股份的驚人之舉。同樣的，只是賣一罐可口可樂飲料，雖然每罐的所賺差價只是半美分的利潤，但是以其一整天的銷售量來看，可口可樂一天下來的銷售就已經直達十億罐，其銷售後所得的淨利潤在短短七年之間就可以增加一倍。

直到現在，在整個世界的消費市場範圍內，可口可樂公司的產品每日銷售量已經遠遠超過八百億盎司，並且這個龐大的數目還在逐年往上增長。同時，無論是從國家的整體消費市場角度來計算，還是以個人人均消費的數量來計算，對於可口可樂飲料的消費始終都是在以一年比一年增長更快的趨勢擴張。所以，可口可樂公司能夠做到僅以一美元的留存收益，卻創造九．五一美元的非凡超高市值，如此的銷售高成長就為企業創造盈利高價值。

在巴菲特看來，投資股票的收益來自於以一美元的股價買進，卻以二美元的收益獲利。同樣的，在企業的銷售盈利中，只要銷售價格和生產成本之間的差價大於○，只要保證銷售量，企業就可以盈利。因此，巴菲特說：「在價值的計算過程中，增長一直是不可忽略的組成部分，它構成一個變數，這個變數的重要性是很微妙的，它介於微不足道到不容忽視之間。」

儘管這樣的單位收益獲利看似很小，但是對於像可口可樂公司這類的年銷售量極其巨大的企業來說，就算是再微小的單位盈利，如果乘上企業的銷售總量這個如此龐大的基數時，其最終總盈利可想而知，那將會是多麼龐大的一個數字。然而，可口可樂公司此時還在不斷地成長，可口可樂的銷售量就會一年比一年更多。如此一來，在快速高效的成長中，可口可樂產品在銷售後所創造的價值就會越來越多，高成長促進高價值，這樣的良性導向使得可口可樂公司始終都在盈利並且是更加盈利，這是以一種滚雪球越滚越大的增長方式來急速高效地盈利。

所有股票將不會便宜

可口可樂公司的長期銷售總量在不斷增長，可口可樂公司的高度成長情形始終良好，在巴菲特看來，可口可樂公司的所有股票只會越來越貴，不會再像以前那樣便宜。所以，巴菲特很明智果斷地從一開始就逐漸進行大量買進，對於這個績優股，巴菲特加大投資，視之為重點投資對象，在長期的投資過程中，大量買進以期獲得長期持股，享受大股東的優厚利潤獲利權利。

在全世界的二百個國家中，可口可樂這個擁有一百多年歷史的產品，其人均消費量每年都在增加。

有一點人們可能不知道，卻使這個產品有數以百億計美元價值的簡單事實就是：可口可樂沒有味覺記憶。你可以在早上九點、十一點，下午三點、五點喝上一罐，下午五點你喝的味道和你早上九點喝的味道一樣好。其他的飲料，例如：果汁、啤酒都做不到這一點，它們對味道有累積作用，累積使味覺麻木，重複的飲用會使你厭煩。

我們在時思糖果的員工可以免費享用公司生產的糖果。在他們第一天工作的時候，他們使勁吃，但是在此之後，他們再吃起來就像要花錢買似的。為什麼？巧克力一樣有味覺累積，但是可口可樂就沒有味覺累積。這意味著，全世界的人們每天都消費很多次的可口可樂，而不是其他的飲料，所以你得到的就是可口可樂之難以企及的人均消費量。

——一九九八年 巴菲特在佛羅里達大學商學院的演講

巴菲特正是因為看到可口可樂飲料這個獨特的市場存在價值，像這樣的價值才能夠使得可口可樂公司在日趨激烈的市場競爭中經久不衰長達一百餘年，對於任何一家企業來說，不僅是飲料這個業務領域，都是極為難得甚至是不可思議的，並且可口可樂公司不僅完整地保留自己所佔的市場額度，而且還完美地完成每年相較於上一年的銷售總量更多的發展任務。這樣優異的成績，奠定可口可樂公司百年來不可撼動的飲料市場領軍企業的絕對地位。

所以，巴菲特花了大概十二年左右的時間，努力回購可口可樂公司二五%的股份及其對應股權。這樣一來，就在可口可樂產品在外全力搶佔並不斷拓展市場額度和市場覆蓋面的時候，巴菲特正在將全部心力都致力於在可口可樂公司內部的利潤獲益的大餅上劃出一塊更為豐厚飽滿的分利。

在此，我們先不要看巴菲特在如此大幅度的投資決策後所收穫的豐厚利潤，以及其最終獲益頗多的良好結果，我們只著眼於巴菲特在可口可樂公司股份投資上的一連串投資決策和行為。對於巴菲特為什麼如此看好可口可樂公司的發展前景並始終如一地支持其發展，我們進行全面的分析得出：由於始終平穩快速的增長形勢，在未來的每年裡，可口可樂公司的股票將不再便宜。隨著銷售量的逐年增加，可口可樂公司的股票價格只會隨之逐年上漲，只增不減。

透過巴菲特的演講分析，我們首先可以看出，正是這種沒有味覺記憶的與眾不同的產品特點，使得可口可樂飲料始終能夠對人們保持持續的味覺新鮮感，也只有這樣的沒有味覺記憶累積的新鮮口感，才能使得可口可樂這個獨特飲料產品的邊際效用並沒有隨著購買數量的增加而遞減，如此才會令人們在沒有受到邊際效用遞減的影響下而逐漸減少甚至是斷絕對可口可樂的購買。相反的，我們每天都可以看到有許多人許多次地重複購買飲用可口可樂這個飲品，卻沒有感到味覺疲勞。

出於這樣原因和產品特有的優勢，可口可樂能夠在短期的生產推廣內成為並在長期的經營銷售過程中保持其在飲料產品中的獨特存在。也是由於它沒有味覺記憶的這個獨有的特點，才使得可口可樂飲料區分於其他不同的飲料產品，在飲料這個產業領域內具有它自身產品本質的不可替代性，因此也就使得可口可樂公司能夠在許多飲料產業領域裡的各種飲品企業中獨樹一幟，始終佔有並保持甚至是繼續擴大那一份屬於其自身特色導向的市場額度。

就是這樣的市場銷售額度和業績的高成長性以及可口可樂產品本身的不可替代性，令可口可樂飲料及其背後的生產公司在經歷一百多年自由市場的競爭後，仍然具有像新生產業一樣的生長力和生長空間。在這樣的發展形勢之下，巴菲特才會不斷地對可口可樂公司進行投資，並努力回購其二五％的股份。因為，由於可口可樂公司在未來的繼續高速成長和銷售量的每年新增，可口可樂公司的所有股票都不再便宜。

十二年，預言見證奇蹟

可口可樂公司的非凡盈利令我們無限嚮往，然而如此高速的成長率以及如此龐大的銷售量，並非只是依靠可口可樂這樣能夠令人始終保持新鮮感的飲料本身，其中絕對不可以忽視的是，在全球化經濟的整體大背景之下，可口可樂公司及其獨一無二的產品才有機會和舞台大展拳腳。

經濟全球化，使得可口可樂公司能夠將市場擴展到全世界，可口可樂飲料產品才能夠在全球化的推動促進下逐漸進入全世界消費者們的視野範圍，才創造公司的產品每日銷售量遠遠超過八百億盎司、僅以一美元的留存收益卻創造九・五一美元的極高市值、十年之間派息加倍、十五年之間盈利八八億美元並增值六・八倍和五十年內總銷量增長五十倍等一連串的奇蹟創舉。

同樣的，預見到經濟全球化將會給可口可樂公司帶來無限發展的契機，巴菲特也看準時間一舉入股，在可口可樂公司搭乘經濟全球化的順風車席捲全世界飲料市場的時候，巴菲特也坐著靜候投資獲益加倍又加倍的頻頻佳音。隨後，在古茲維塔等精明的領導者們的帶領下，可口可樂公司在世界飲料產業市場上繼續迅速地吸收許多新舊消費者們，而與此同時，在巴菲特的又一次預言之後，可口可樂公司又一次創造只用了十二年的時間，就陸續回購二五％的持有股份這個再度驚人的奇蹟。

百年可口可樂，每五十年一次絕佳的成長機會，可口可樂公司沒有放過這些契機，巴菲特同樣沒有輕易錯失這樣的機會。

我們將可口可樂的持股數由去年的一四一七萬股提高到今年的二三三五萬股。這次的可口可樂投資，提供一個機會來證明你們的董事長對投資機會的快速反應，不管這些機會是如何的不明確或是被隱藏。我記得我是在一九三五年或一九三六年第一次喝到可口可樂的，然而可以確定的是，我從一九三六年開始以二十五美分半打從巴菲特兄弟雜貨店批貨後，再以每罐五美分賣給街坊鄰居。

在往後的五十二年內，當可口可樂席捲全世界的同時，我也持續地注意到這種特質，然而在同一段期間，由於我個人過於小心謹慎以至於竟然連一股都沒買，反而將大部分的個人資產投注在街車公司、紡織公司、煤炭公司與郵票公司之類的股票上。終於到了一九八八年的夏天，我的大腦與眼睛完成同步動作。

一時之間，我的感官與眼界大開，在二十世紀七〇年代一度萎靡不振之後，可口可樂在一九八一年新任總裁古茲維塔的帶領下煥然一新，使得本來就已是全世界最獨一無二的產品又增添新動力，尤其是來自海外的營收更呈現爆炸性的增長。

事實上，要是我有足夠的遠見，早在一九三六年我就應該說服我爺爺乾脆賣掉雜貨店，然後將錢全部用來買進可口可樂的股票。這一次我終於學到教訓，但是照這種情況來看，距離下一次我靈光一現的時間，可能要再等上五十年吧！

——一九八九年 巴菲特致股東的信

雖然巴菲特說他自己錯過一九三六年這個一百五十年才有一遇的大好投資商機，但是根據他在信函中所透露的消息，我們可以知道：可口可樂公司在二十世紀七〇年代這個時期，曾經一度萎靡不振，並且在一九八一年新任的總裁古茲維塔上任之後，可口可樂公司才增添新動力。在此之前，巴菲特因為「小心謹慎」而遲遲沒有購進可口可樂公司的股票，算不算是他的又一次先見之明？

對於可口可樂，巴菲特的預見和預言向來是極為精準。所以，在看準那些以古茲維塔為首的管理精英們上位之後，可口可樂公司將會高速成長之後，巴菲特才決定投資入股。於是，這家他關注長達五十年的飲料界巨頭才開始大幅向海外市場的擴張，這是巴菲特對於可口可樂公司的預見中的一個奇蹟。

然後，隨著巴菲特和可口可樂公司裡許多管理經營的精英們的決策努力之下，不出預言之所料，可口可樂公司利用十二年的時間，再創下回購二五％公司持股的奇蹟。不得不說，可口可樂似乎就是伴隨著巴菲特的預言一同成長的，在巴菲特敏銳的商業眼光中，可口可樂及其公司的股份將繼續走紅世界。

在價值的計算過程中，增長一直是不可忽略的組成部分，它構成一個變數，這個變數的重要性是很微妙的，它介於微不足道到不容忽視之間。

第六章

比亞迪：這將是一個最好的選擇

Warren Buffett

這是一家年輕有前景的公司

二〇〇九年五月二日，在奧馬哈（波克夏公司的總部所在地）舉行的波克夏股東大會上，作為波克夏投資組合中唯一的中國資產——比亞迪，其創始人王傳福以及比亞迪的新能源汽車一同進入許多股東和媒體的視野。

就在二〇〇八年，當全球性的金融危機強烈席捲世界市場時，巴菲特的投資旗艦波克夏・哈薩威公司旗下附屬公司MidAmerican Energy（中美能源集團）宣布：公司將以每股八港元的價格，即最終的一八億港元，兌換為美元則是以二・二五億美元購買比亞迪（ＢＹＤ）一〇%的股份所有權。於是，比亞迪公司就在短短的一天之內，受到世界多方商界和媒體的高度關注。

創立於一九九五年的比亞迪股份有限公司（ＢＹＤ），是一家香港上市的高新技術民營企業。截至二〇〇七年底，比亞迪公司的總資產額已經將近三百億元人民幣，其淨資產已經超過一百二十億元人民幣。

對於華爾街金融風暴之後的首次在海外進行的這個大舉投資，巴菲特與在以往的大型投資之前的準備一樣，他已經關注比亞迪數年之久，出於對中國第一個新能源汽車產品的重視和對其品牌價值的認可，巴菲特特地派遣一位董事來協助比亞迪推進在全美甚至是全球的推廣戰略。

巴菲特曾經坦言：「我既不瞭解手機，也不瞭解手機電池，更不瞭解汽車製造。」為什麼他會選擇大量地投資比亞迪這個他根本就不瞭解的汽車產業？

「比亞迪是一家年輕而且前景廣闊的公司，正在經歷高速的增長，同時也是創新和技術領域的領導者」，因為作為電動車領域的領頭者以及全球二次電池產業的領先者的比亞迪將會是汽車產業內的超級明星。

> 我們還是在持續地尋找大型的企業，那種令人瞭解、具有持續性而且讓人垂涎三尺的事業，並且由有能力和才華、以股東利益為優先考慮的經營階層管理。雖然這些要求並不一定能保證結果完全令人滿意，但是我們一定要以合理的價格投資，並且確保我們的被投資公司

績效表現與我們當初所評估的一致，這樣的投資方法——尋找產業的超級明星，是我們唯一能夠成功的機會。查理和我的天資實在是有限，以我們目前操作的資金規模，實在是無法靠著買賣一些平凡的普通企業來賺取足夠的利益，當然我們也不認為其他人就有辦法靠這種小蜜蜂飛到西、飛到東的方法成功。事實上我們認為，將這些短線進出如此頻繁的法人機構成為投資人，就像把一個每天尋找一夜情的花花公子成為浪漫情人一樣。

——一九九一年 巴菲特致股東的信

早在二十世紀九〇年代的巴菲特就已經看到，在如今這個工業技術日漸發達、產品服務逐日先進的世界市場中，公眾和企業們都紛紛注意到工程和能源方面的困境，消費者們也已經逐漸開始對自由市場上的幾乎每一樣商品都持有包括綠色、環保、節能等一些關注世界以及資源可持續發展的看法和要求。

這樣的社會關注自然也就進入「股神」巴菲特敏銳的商業視角，透過這樣的公眾需求，巴菲特很快地就發現比亞迪——這個以自身獨步全球的技術優勢，來開發製造清潔能源的汽車產品，立志於以「三大綠色夢想」來解決石油問題所帶來的全球環境污染和經濟問題的新興創新型汽車企業。

與時俱進，不僅僅是世界市場對現代激烈競爭的各行各業產品的首要要求，也是隨著市場形勢格局的變化而不斷波動的股市，對於那些持資待投的投資者們的必然要求。現代社會宣導綠色經濟、持續發展、資源循環、能源創新，比亞迪公司就堅持「技術為王，創新為本」的發展理念，走綠色節能、減碳清潔的新能源汽車之路。

與之相同的是，在看準公眾對社會環保、地球保護這個強烈的消費要求後，巴菲特自然不會放過和比亞迪這樣在清潔能源方面極為優秀的企業合作的機會。巴菲特之所以投資比亞迪，就是出於其新能源概念，也就是比亞迪的核心能力——新能源的開發和生產。

所以，投資比亞迪不僅僅是比亞迪公司的大好機會，也是巴菲特及其帶領的投資企業團隊的極佳獲利契機。這樣的相互借力，二者聯合，在統一戰略後，就可以近乎壟斷擴張環保這個新興領域。

絕對不是最後一次購買

自二〇〇三年以來，讓我們回顧一下汽車產業這些年的發展走向，比亞迪公司已經連續五年實現其一〇〇％以上的跨越增長。尤其是在二〇〇九年，比亞迪公司的汽車總銷量已經達到四四．八萬輛，其同比增長一六二％，這個優異成績使得比亞迪公司當之無愧地成為中國汽車企業總銷量的增長冠軍。這樣的增長形勢一直持續到二〇一〇年，這一年一至八月，比亞迪的累計銷量達到三五三一二九輛，其數值將持續保持高速增長。

這樣的漂亮成績當然為巴菲特帶來極為豐厚的收益，作為戰略共同體的合作者來說，巴菲特自然而然地將會幫助比亞迪推廣其在全美的市場擴充戰略。

首先，巴菲特決定委託MidAmerican Energy（中美能源集團）的董事長大衛．索卡爾（David Sokol）專程飛往中國，實地考察比亞迪的團隊、廠房設施，並親自出席比亞迪在香港的新聞發表會，同時索卡爾還發言他將擔任比亞迪董事。

其次，巴菲特為比亞迪公司制定在北美的發展擴張戰略，同時還幫忙推進其電動汽車戰略在北美市場的執行落實，例如：建充北美電站。

與此同時，巴菲特的投資不僅幫助比亞迪提升其品牌價值以外，還令其得到與擁有大量能源網路的MidAmerican Energy（中美能源集團）的合作機會，在未來的長期合作中，MidAmerican Energy（中美能源集團）還將為比亞迪公司在美國的電源供應和銷售管道等方面提供大力的幫助。

因為確立利益統一的長期合作關係，所以對於環保這個新興領域，不論是巴菲特還是王傳福，在他們看來，這樣極具潛力的發展前景，令他們都抱持極大的信心和希望，在這個領域內的發展空間還很廣闊。長期持續地投資比亞迪公司，對於巴菲特及波克夏公司來說，只會帶來更為豐厚利潤，這樣的長期投資於任意一方都是有利的，所以「巴菲特表示，如果將來我們同意，他們願意繼續增加投資。」

一家真正偉大的公司，必須有一條堅固持久的「城牆」，保護它的高投資回報。……

如果一個公司要依靠一位超級明星來尋求偉大成就，它就不應該被認為是一個偉大的公司。一個由當地著名腦外科醫生領導的合夥製藥企業可能會享有可觀的、不斷增長的利潤，但是這對於未來不意味著任何東西，這家合夥企業的「城牆」將會隨著醫生領袖的離去而倒塌。

我們尋找的是在一個穩定行業中的長期競爭優勢。如果業績的增長是整個經濟大環境的景氣帶來的，這樣很好。但是即使沒有整個經濟結構性的增長，一個企業仍然能夠保持競爭優勢，它就是有價值的企業。我們需要做的只是坐享其收益，並用它來購買其他地方同類的企業即可，並沒有哪種規則要求你必須把錢投回到你獲得這些錢的地方。實際上，這樣做經常是錯誤的：真正偉大的公司，從有形資產中獲得巨大收益，但永遠不會把大部分的利潤進行內部再投資而期望獲得高額回報。

——二〇〇七年 巴菲特致股東的信

對於巴菲特這樣的期望，在新興的環保領域具有極具挖掘和發展潛力的正值成長期的年輕企業比亞迪公司，自然是巴菲特一直以來想要尋找的在穩定行業中具有長期競爭優勢的不二選擇。

在傳統的汽車領域裡，比亞迪二〇一〇年的銷量增長達一六%，但相較於原先訂下的全年目標而言降低一三%，其增速也遠遠低於將近三〇%的中國汽車市場的整體增速。

資料表示，在二〇一〇年裡，比亞迪的全年總銷量為五十二萬輛，如果假設一直到二〇一五年前，比亞迪公司始終保持一六%的年均增長率，到二〇一五年，比亞迪公司的汽車銷售量將會逼近一百一十萬輛左右。

對於這個具有穩定長足發展的新生企業，巴菲特的措施就是長久持股、持續購買，以期透過長期穩定的收益累積，實現其最終獲利的目的，所以巴菲特會希望繼續增持比亞迪的公司股權，「當我們考量生意的時候，這就是我們的原則。基本上我們會去尋找那些打算永久持有的生意，那樣的企業並不多。在一開始，我的主意比資金還要更多，所以我不斷地賣出那些我認為吸引力差一些的股票，以購買那些新近發現的好生意，但這已經不是我們現在的問題。我們現在不缺錢，而是缺好生意」，巴菲特在二〇〇七年致股東的信中這樣寫道：「假設你指望二十一世紀的股市年收益率達到一〇%，你的收益中二%來自分紅，八%來自股價上漲，你就是在假設道瓊指數在二一〇〇年達到二千四百萬點（目前是一萬三千點）」，再次告訴世人真正成功的投資者，都是利用這樣的穩定複利獲得收益。

竟然有人敢拒絕我投資？

「股神」巴菲特，其人在世人的眼中就是財富的象徵，幾乎所有想要將資金投注到這個變幻莫測的股市投資者們，都期望能夠跟隨這位聰明敏銳的「奧馬哈聖人」，希望能夠在這位股市先知的帶領下也獲得豐厚的利潤。

然而，當「股神」巴菲特主動釋出善意的時候，卻有人竟然斷然拒絕「聖人」的邀請。要知道，幾乎每個接受巴菲特投資的公司企業，最終都能夠更加迅速高效地成長，並佔領自己所在行業內的領先位置。

但是，就在巴菲特十分看好比亞迪的生產經營模式以及其公司團隊和產品，主動表示將對比亞迪公司投資五億美元時，卻遭到拒絕。「巴菲特找到比亞迪讓我們也很詫異」，比亞迪總裁王傳福在聽到巴菲特將投資自己的公司後十分高興，「但是我們認為不需要這麼多，所以當時沒有同意」，在經過比亞迪在內部的董事會和公司高層謹慎的討論和評估之後，公司達成一致意見——不需要那麼多資金，只需一〇%就足夠。最後，雙方共立約定，巴菲特的中美能源集團最終以二・二五億美元的投資，購買比亞迪公司九・八九%的股份。對此深感遺憾的巴菲特表示：如果公司願意，以後他還會繼續增持；如果公司不願意，一〇%也可以。

如此看來，確實還是有人敢拒絕巴菲特的投資，但是出現這樣的情況也確實讓人感到匪夷所思，究竟是什麼原因能讓比亞迪公司如此堅決地拒絕巴菲特高達五億美元的巨額投資？又是什麼令遭到如此拒絕的巴菲特能夠仍然堅持比亞迪公司的投資，哪怕只是投資購買其一〇%的股份持有權？

首先，巴菲特看重的是比亞迪公司良好的發展前景，作為新興產業領域的許多年輕公司中的領頭者，比亞迪的優異業績成長和卓越技術品質是大家有目共睹的，其科技創新所生產出的產品最終是造福人類，有利於人類社會可持續發展的，美國總統甘迺迪曾經說：「不要問國家為你做了什麼，問問你為國家做了什麼？」由於其企業自身的社會責任感和道德導向，比亞迪公司致力於「推進產業結構化升級、加大節能產品、技術、經驗推廣力度，掌握重點用能單位節能，推動建築、交通和公共機構節能」的節能貢獻事業，而且還投身於社會建設並積極參與公益事業，像這樣擁有良好社會形象的企業怎能不受到公眾的喜愛與支持？看準比亞迪公司雄厚市場基礎及其良好的品質形象，巴菲特當然不會放過這次絕好的開拓中國市場的投資機會。

其次，巴菲特向來看好以適當速度前進的企業。比亞迪秉承「二〇一五年做到中國最大，二〇二五年做到世界最大」的理想，為此比亞迪展開大幅度的生產和銷售，同時還不忘自主研發以提升自我技術水準，至今比亞迪已經成為世界最大手機鋰電池生產商、創造自主品牌最短時間超越十萬輛產銷的新紀錄、榮獲「二〇〇八年度中國市場購買者滿意度第一品牌」大獎，並且名列全球「科技百大」第一位。現在的比亞迪正如曾經受到巴菲特投資的博希姆珠寶公司那樣，正在發動全部力量全速前進，這樣的衝勁和幹勁自然受到巴菲特的青睞，只有這樣的勇氣和魄力，企業才能在市場競爭中不斷成長。

最後，巴菲特看準比亞迪最為重要的原因是在於，比亞迪的公司總裁及其身後的經營管理團隊。巴菲特曾經承認自己對比亞迪的電池、手機和電動汽車三種業務根本不懂，但是這次投資卻打破絕對不投資不瞭解的生意這個投資原則，因為他相信查理・蒙格（波克夏公司副總裁）和大衛・索卡爾（中美能源集團董事長）這兩人對比亞迪生意的瞭解，更是因為他們都欣賞比亞迪的總裁王傳福，所以才會投資這個擁有優秀企業家和優秀團隊的企業。

《財星》雜誌記錄查理・蒙格對王傳福的評價：「這個傢伙（王傳福），簡直就是愛迪生和威爾許的混合體，他可以像愛迪生那樣解決技術問題，同時又可以像威爾許那樣解決企業管理上的問題。」充分表現王傳福的個人魅力和組織經營的能力。

王傳福自己也說：「我們的戰略膽大包天，什麼都自己做。這種模式，他（巴菲特）非常肯定，對我們的團隊很佩服，對我們產品、對我們電池給予極高的評價。」也充分展現巴菲特對比亞迪公司和其領導團隊的青睞和好評。

投資企業的重點在於看這個企業是否有配合默契、決策準確、頭腦聰慧的領導團隊，只有這樣的領導者帶領，企業才會有其優勢發揮和更好的長足發展。所以，投資企業就是投資人，巴菲特用他的行動詮釋這個道理。

五至十年內銷量將破百萬

二〇〇七年，比亞迪總裁王傳福就立下豪言壯語：「二〇一五年做到中國最大，二〇二五年做到世界最大。」直到二〇一一年初，比亞迪仍在為這個宏大理想而努力奮鬥。然而，巴菲特投資的初期，比亞迪的股價確實不負眾望地飆升至二六．二港元，此時該股價是巴菲特買入價的近三倍，但隨後的幾年裡，隨著比亞迪香港國企股的大幅度縮水，巴菲特投資收益也明顯減少，起初的帳面利潤已經縮水至約四億美元。並且，經過分析師的預計，比亞迪的公司股價可能還會繼續下跌二〇%，屆時其現金缺口將超過十三億美元。

二〇一〇年，有財務資料顯示：比亞迪二〇〇九年的營業收入為四一一億元，到二〇一〇年增長到四八四億元，其增幅一七．八四%；但相比之下，比亞迪歸屬於母公司股東的淨利潤卻從三七．九億元減少為二五．二億元，其下降幅度達三三．四八%。同時，隨著比亞迪公司利潤的大幅下滑，公司國企股的股價也連續下跌，自二〇〇九年十月創下歷史最高價八八・四港元以後，直至二〇一〇年，比亞迪的股價就一直震盪下跌創下最低價四三・〇五港元，並且自二〇一一年以來，其股價仍在繼續下滑，創下二六・一港元的最低價。

禍不單行，比亞迪還面臨富士康公司的一連串訴訟官司。整個二〇一一年，比亞迪腹背受敵：國企股股價連創新低、淨利潤大幅下滑、企業官司不斷、新能源汽車始終未能打開市場。這樣的狀況，使得許多的業內人士都不再看好比亞迪，然而巴菲特和他的投資團隊們卻始終堅守自己在比亞迪所持有的股份。

波克夏公司副總裁查理・蒙格對於比亞迪此次面臨的許多危機和挑戰指出：任何與比亞迪一樣能夠如此快步發展的企業，都不可避免會碰到各種小的波折。

巴菲特也始終如一地看好比亞迪，在二〇一一年波克夏股東大會上，巴菲特就表示：對投資比亞迪的交易仍然表示滿意，繼續對該公司發展前景表示信心。他堅持認為比亞迪公司將會對其投資帶來超值的回報。

對合夥企業來說，合夥權益在合夥人加入或退出時必須能夠以合理的方式評量，才能維持公平。同樣的，對於上市公司來說，唯有讓公司的股份與實質價值一致，公司股東的公平性才能得以維持。很明顯，這樣理想的情況很難一直維持，但是透過其政策與溝通的方式來維持這樣的公平性。

股東持有股份的時間越長，波克夏本身表現於波克夏的投資經驗就會越接近，他買進或賣出股份時的價格相對實質價值是折價或溢價的影響程度就會越小，這也是我們希望能夠吸引具有長期投資意願的股東加入的原因之一。整體來說，我認為以這一點而言，我們算是做得相當成功，波克夏大概是所有美國大企業中擁有最多具長期投資觀點股東的公司。

——一九九六年 巴菲特致股東的信

巴菲特說：「查理和我絕對會運用我們最佳的判斷能力，大家不是請我們來閒著沒事做，當我們認為勝算很大時，我們就會大膽地去做一些異於往常的舉動。」**在投資中，風險的存在是必然的，適當的冒險也是必須的，**巴菲特經過精密的計算和深遠的思考才決定，如此堅定並大力地支持比亞迪這個確實具有相當發展前景的企業。發展環保節能的汽車產業——這將是比亞迪未來發展前景大好的必然因素，也會是巴菲特必然會從比亞迪公司獲益的原因所在。

「**不在意一家公司來年可賺多少，只在意未來五～十年能賺多少。**」巴菲特始終如一的長期投資觀，真正地符合具有穩定成長能力和高速發展潛力的公司的歷程規律。所以，巴菲特堅信：「比亞迪對我而言是正確的選擇，相信對你們來說也是。就像ＢＹＤ代表『成就夢想』，讓我們一起來成就我們的夢想。」

一貫秉承長期投資的巴菲特十分注重於合夥人之間的公平，在長期的合作中相互信任溝通以維持其中的公平，最終達到雙方獲益。所以對於比亞迪，巴菲特看到的是其在未來新興產業中的長期發展優勢，對於這個一帆風順的年輕企業，巴菲特及其投資團隊當然抱持十分的信任和信心，他們不會過分重視目前短期內的企業盈利波動，而是放眼於更為長遠的企業發展。

投資企業的重點在於看這個企業是否有配合默契、決策準確、頭腦聰慧的領導團隊，只有這樣的領導者帶領，企業才會有其優勢發揮和更好的長足發展。

第七章

華盛頓郵報公司：傳媒產業的股票一定賺錢

Warren
Buffett

一定會漲的華盛頓郵報公司

華盛頓郵報公司——作為巴菲特最好的投資之一，華盛頓郵報公司在巴菲特投資〇．一一億美元之後，順利盈利一六．八七億美元。自一九七五年到一九九一年，在巴菲特控股之下的華盛頓郵報公司，創造每股利潤以十倍的增長速度盈利的奇蹟，而在巴菲特持有華盛頓郵報公司股份的三十年裡，公司的盈利增長一六〇倍，從起初的一千萬美元到十七億美元，華盛頓郵報公司是當今投資界和傳媒界裡當之無愧的明星。

在一九七三到一九七四年裡，大多數的投資者們都陷入金融危機的風暴之中，巴菲特卻在一九七三年開始投資華盛頓郵報，他首先以一〇六〇萬美元購買華盛頓郵報公司的股票。而後在一九七四年，巴菲特正式以四千萬美元買下華盛頓郵報公司，之後平均每年的收益增長為三五%。如今，華盛頓郵報公司旗下已經匯聚大批的新聞傳媒和廣告電台企業，其股票的市場價值總額也已經超過五十億美元。

然而，隨著報紙和電視的經營收益率大不如前，投資者們紛紛撤資離去，但巴菲特卻依舊支持凱瑟琳・葛蘭姆（當時華盛頓郵報公司首席執行者），「巴菲特想盡一切辦法幫我控制情緒，他向我解釋，這是因為魯安認為他的郵報股票表現相當出色，使得他某些投資組合擴張過大，他並不打算賣掉自己手上的股份。你不瞭解華爾街，那裡的人都不做長期考量，當你的股票漲到一百美元的時候，他們就會想買了，巴菲特試著安慰我，我當然認為他只是在讓我好受一些，我們的股票怎麼可能漲到一百美元，這簡直荒謬極了，因此我還是難過萬分。」

也許每個人都不會相信巴菲特對凱瑟琳・葛蘭姆安慰之詞會成為現實，然而事實卻再一次地證明他的預言準確性——華盛頓郵報公司的股票確實漲到每股一百美元。

對於華盛頓郵報公司的投資，巴菲特是從產業業務、公司管理、企業盈利能力和企業市場價值及其股票價格這幾個方面來分析華盛頓郵報公司的成長價值，最後確定其成熟的產業發展形勢後才開始投資。

在約翰・伯爾・威廉斯（John Burr Williams）五十年前所寫的投資價值理論中，就已經提出計算價值的公式，我把它濃縮列式如下：今天任何股票、債券或是企業的價值，都取決於其未來年度剩餘年限的現金流入與流出以一個適當的利率加以折現後所得的期望值。

……

今天先不管價格多少，最值得擁有的企業是那種在較長時間內可以將大筆的資金運用到相當高報酬的投資上；最不值得擁有的企業是那種與前面的那個例子完全相反，在較長時間內將大筆的資金運用到相當低報酬的投資上。不幸的是，第一類企業可遇不可求，大部分擁有高報酬的企業都不需要太多的資金，這類企業的股東通常會因為公司發放大量的股利或是買回自家公司的股份而大大受惠。

——一九九二年巴菲特致股東的信

出於對未來自由現金流貼現的考慮，巴菲特始終保持穩妥的投資理念，即在自己所瞭解的產業中買入具有安全邊際的公司的股票，此舉避開當時那些「大量假冒的『失翼的天使』所充斥著整個投資界」的垃圾債券，並最終得以保障自己作為投資者的利益收穫。

由於華盛頓郵報公司是美國華盛頓哥倫比亞特區最大、最老的報紙之一，作為華盛頓地區最具影響力的報紙，其地理位置優越、行業覆蓋面廣闊、消費市場佔有率高，以及其長久的盈利經營，使得華盛頓郵報公司的發展更趨穩健。在隨著華盛頓郵報公司曾經獲得十八次普立茲獎的同時，其品牌價值日益增加、品質信譽和公眾口碑與日俱進。華盛頓郵報公司的市場價值和經濟收益以及利潤回收也在平穩增長。巴菲特曾經說：

> 我們對我們所持有的證券交易情況的持續不明朗並不太擔心……我們的經濟命運最終是由我們所擁有的企業經濟命運所決定的，不管我們是部分擁有股權還是全部擁有股權。

看準華盛頓郵報公司的未來發展空間將會很廣闊，巴菲特計算出其價值低於自己計算的安全邊際價格，為自己留有足夠的安全餘地——即控制風險，將風險最小化後，巴菲特就開始果斷地大舉入股自己所看重的公司，並且絕對不聽信謠言而貿然撤股，最終實現獲得豐厚利潤的目標，同時也證明自己曾經的預言——每支股票上漲到一百美元，絕對不是不可能的。

記者般的直覺

巴菲特一直很喜愛媒體行業，他對傳媒的關注相較於股票來說，只會有過之而無不及，而且他還曾經應聘成為《華盛頓郵報》的投遞員，並透過這份投遞工作而賺得九千美元以支持自己完成大學學業。

巴菲特曾經說，如果他的天職不是商業，一定非新聞莫屬，於是有人評價巴菲特——對新聞具有記者般的直覺。他對於傳媒行業從來都具備敏銳的直覺，並深入地觀察瞭解傳媒行業，他對傳媒業及其內部各企業的瞭解，絕對不亞於對保險業和自家企業波克夏公司的瞭解。

在去年的報告中，我曾經表示媒體事業獲利能力衰退主要是反映景氣的循環因素。但是在一九九一年發生的情況不是那麼一回事，由於零售業形態的轉變加上廣告娛樂事業的多元化，曾經一度風光的媒體事業其競爭力受到嚴重的侵蝕。然而在商業世界中，從後照鏡所看到的景象永遠比擋風玻璃的清楚，幾年前幾乎沒有人，包括銀行、股東和證券分析師在內，會不看好媒體事業的發展。

事實是，報紙、電視與雜誌等媒體的行為越來越超越作為特許行業所應該做的事情。

——一九九一年 巴菲特致股東的信

根據以上的資料，我們可以看出，華倫・巴菲特具有超常的優先預見能力以及十分敏銳的新聞產業直覺。在預見傳媒行業日漸供給大於需求的市場趨勢後，在市場被分隔開之前，巴菲特先下手為強，搶在傳媒市場被瓜分之始，選擇未來將佔據新聞報刊業市場極大額度的華盛頓郵報公司，而其對華盛頓郵報公司的每支股票一定會漲到一百美元的預言也源自於此。

正如巴菲特所預料的那般，華盛頓郵報公司最終就像巴菲特原本所期待的那樣，它始終保持穩定的企業效益的增長和龐大廣闊的消費市場基礎。當不再景氣的傳媒行業在由於消費者需求不足而導致失去其產業所擁有的特許能力之後，華盛頓郵報公司已經穩固保住其在新聞傳媒業的領先地位。

並且巴菲特曾經說：「我們認為一份報紙的滲透率是該事業強弱的一項重要指標，對廣告主而言，如果一家報紙能在某一地區擁有極高滲透率，就能發揮極高的經濟效益，反過來如果滲透率很低，就無法吸引太多的廣告主。」在新聞傳媒業的發展歷程中，有許多的媒體行業在失去產業特許能力後，最終因為無法保證自身在其所佔市場的全範圍內全面提升滲透率，並使之達到獲益水準，而只能以新聞紙的跌價來不確定地存活。

然而，華盛頓郵報公司卻沒有走上這樣的道路，它曾經獲得十八次新聞界的奧斯卡獎——普立茲獎，其報導的「水門事件」最終迫使美國總統尼克森宣布辭職，其改寫美國歷史的關於美國五角大廈文件等許多報導堪稱新聞界的經典之作，同時華盛頓郵報公司還報導許多重大歷史事件及其背後那些鮮為人知的內幕。這些非凡的成就使得華盛頓郵報公司在關注社會政治走向的同時，博得更多讀者們的關注和喜愛，也贏得更高的社會評價和國際威望。

如此一來，我們可以看出，在如此高的社會關注度和公眾閱讀量下，華盛頓郵報公司保證其自身對於新聞媒體界內的消費市場的高滲透率，最後得以成功地把握媒體廣告定價權的壟斷優勢。這個在新聞傳媒行業中的絕對優勢，正是華盛頓郵報公司能夠得到巴菲特青睞，並大學投資、長久持股的根本原因之一。

關於對華盛頓郵報公司的投資，巴菲特曾經對《華盛頓郵報》的記者這樣說：

投資就是寫報告，如果你設想自己被指派寫一份關於自己報紙的詳細深入的報告，你就會有許多問題需要去調查，並發掘出許多事情去襯實材料，這樣你也會更加瞭解《華盛頓郵報》。事實上，投資也是如此。

巴菲特正是憑藉這樣的投資理念，詳細深入地觀察瞭解華盛頓郵報公司各方面的表現，最終令人難以置信地分析得出華盛頓郵報公司在其所在行業的長期發展潛力和獨特優勢所在，以至於最後與華盛頓郵報公司一同獲益頗豐，創造投資業中的一個奇蹟。

巴菲特預言該公司價值四億美元

一九七四年，巴菲特投資四千萬美元買下華盛頓郵報公司的股份，然而在當時金融危機的凶猛夾擊中，幾乎沒有人敢貿然出資投股，每個人都體會到盲目投機的深刻危害，並且如此龐大的投資，在他們看來是相當冒險的，然而巴菲特卻看準投資華盛頓郵報公司將會給他帶來巨大回報收益，最終毅然出資。

如果你問《華盛頓郵報》企業中的任何一個人，它的資產價值是多少，他們會說是四億或是一個相近的數目。即使半夜兩點在大西洋的中部舉行拍賣，也有人會出面為這個價格進行競買，而且《華盛頓郵報》的經營者是一些誠實而有能力的人，他們的淨資產有一大部分就在企業裡，這樣太安全了。即使我當時所有的淨資產都投入其中，我也不擔心，一點也不會。

一個敢於將自身的資產投入到自己企業中的公司，是絕對值得我們去投資的。這樣的企業絕對有信心在未來的發展中保持良好穩定的發展，華盛頓郵報公司就是一個具有可觀前景的企業。所以，巴菲特選擇這樣信任自己企業發展和支持自己企業成長的優秀企業。

於是，眾所周知，巴菲特對華盛頓郵報公司的價值估測為四億美元。這樣的預言並非空口無憑的隨便一說，而是經過仔細全面地分析和整體全景的觀測以及穩妥可靠的預測得出的結論，這個預測也得到許多分析師的肯定。

首先，華盛頓郵報公司是具有其發展價值和成長潛力的，巴菲特十分重視企業的內在價值，即企業能夠為一般大眾消費者和企業提供持續需要的重複性消費，作為新聞傳媒行業而且具有多樣獲利能力的華盛頓郵報公司做到了。

幾年以來一般人都認為，新聞、電視或是雜誌產業的獲利能力可以永無止境地以每年六%左右的速度成長，而且可以完全不必依靠額外的資金，也因此每年的折舊費用應該會與資本支出相當，由於所需的營運資金也相當小，所以帳列盈餘（在扣除無形資產攤銷前）幾乎等於可以自由分配運用的盈餘。換句話說，擁有一家媒體事業，每年幾乎可以有六%穩定增長的純現金流入。同時，如果我們以一〇%的折現率來計算現值，等於是一次二千五百萬美元的投資，每年可以貢獻一百萬美元的稅後淨利。

現在假設條件改變，這家公司只擁有普通的獲利能力，所以每年一百萬美元的獲利能力上上下下起伏，這種「不穩定」的形式就是大部分公司的狀況，而公司的獲利想要有所增長，老闆就必須要投入更多的資金才辦得到（通常都是透過保留盈餘的方式），經過我們將假設重新修正，同樣以一〇%加以折現，大概可以達到一千萬美元的價值。從結果可以看出，一項看起來不太重要的假設變動卻使這家企業的價值大幅減少。

——一九九一年巴菲特致股東的信

由此我們可以看出，華盛頓郵報公司脫離僅僅銷售報紙這個帶來的營運資金較少的產業分支，而是更加全面地延伸觸角到與之相關的許多領域，如今其名下的產業涵蓋其他媒介或非媒介的許多企業，華盛頓郵報公司的旗下包括：《華盛頓郵報》、《新聞週刊》、《先驅者》、《國際先驅論壇報》、保齡空軍基地的《光束》、美國空軍學院的《三叉戟》、沃爾特・里德軍事醫療中心的《星條旗》、《南方馬里蘭報》以及網上雜誌《Slate》，同時華盛頓郵報公司還擁有底特律的WDIV/TV4電視台、邁阿密/福特勞德代爾堡的WPLG/TV10電視台等六家電視台。這樣的龐大產業和行業規模，使得華盛頓郵報公司的企業成長不僅僅只局限於新聞媒體報這個領域。

作為被巴菲特列入永恆持股的公司，華盛頓郵報公司也有其值得巴菲特永久投資的原因所在，那就是華盛頓郵報公司的領導者凱瑟琳・葛蘭姆和迪克・西蒙斯。這兩人都是巴菲特極為信任的人，正是因為有他們的存在，才會有巴菲特對華盛頓郵報公司的長久信任和支持。

巴菲特說：「在取得控制權或部分股份投資時，我們不但要試著去找一家好公司，同時最好是能夠有品格才能兼具而且為我們喜愛的管理者經營。如果是看錯人，在具有控制權的情況下，我們還有機會發揮影響力來改變，事實上這種優勢有些不太實際，因為更換管理階層，就像結束婚姻關係一樣，過程是相當費時痛苦而且要看運氣的。」

三十年創下不可複製的神話

對於華盛頓郵報公司，巴菲特的投資是他投資生涯中的經典案例之一，巴菲特對其投資一千萬美元，直至二〇〇三年，在持有的三十年時間裡，總共獲利十二億，股價增值一二八倍，一連串的資料昭示著這次的投資成為巴菲特投資生涯中的又一次不可複製的神話。

三十年如一日的增長，這樣的形勢確實令人在驚訝的同時又十分嚮往，但能夠持有這樣高成長率的公司的股票，並不是那麼容易的事情，而且像巴菲特這樣持有大量股份的機會更是小之又小。

當初，巴菲特慧眼識珠買到的這支績優股，從原本一〇%的持有股份，現在總計已經增長到一八%，使得現在巴菲特手中的股票能夠隨著華盛頓郵報公司股票的不斷回購，進而持續上升、增值。

能夠創造這樣的增長神話，並不只是華盛頓郵報公司的成就，其中不可忽視的是巴菲特的獨到眼光和長久遠見。在他看來，任何股票都不是短期內就能獲益，只有長期持股和耐心等待，才能實現股票的增值。

大家要特別注意的是，我們將把三項投資列為永久的投資組合，分別是大都會美國廣播公司、蓋可保險公司與華盛頓郵報，即使這些股票目前的價格看起來有些高估，我們也不打算把它們賣掉，就像即使有人出再高的價格，我們也不打算賣時思糖果或水牛城新聞報一樣。

……

儘管這種對於併購案的熱衷橫掃整個美國金融界與企業界，然而我們還是堅持這種至死不分離的政策，這是查理和我唯一能夠感到自在的方式。事實證明，這種方式長期以來讓我們有不錯的獲利，也讓我們的經理人與被投資公司專注於本業而免於分心。

——一九八六年 巴菲特致股東的信

同樣的，華盛頓郵報公司管理階層的領導方式，也是巴菲特堅持投資的重要原因之一。

一九八五年，巴菲特在寫給股東的信中這樣說：「只要法令許可，我們將無限期地持有華盛頓郵報的股份，我們期待公司的價值持續穩定增長，我們也知道公司的管理階層有才能完全以股東的利益為導向。」從中我們可見，對於華盛頓郵報公司，巴菲特抱持絕對的信心和信任。《華盛頓郵報》的董事長兼CEO唐納・葛蘭姆（Donald Graham）曾經明確地指出公司的主要目標：「我們將繼續為股東的利益而管理公司。」他強調：「特別是長期股東，因為他們的眼光已經超越季度甚至年度的成果。我們不能用收益多少或是控股公司的數量來評價我們的成功。」

綜合地來看，華盛頓郵報公司如此的成功，離不開華盛頓郵報公司內部管理經營團隊的通力合作和不懈奮鬥，同時也離不開巴菲特的長期支持和投資合作，這兩者缺一不可，只有同時滿足這兩個條件的時候，我們才會看見如今這個屹立在美國傳媒新聞界、橫跨報紙媒體和電視媒體等多個層次領域的經營百年卻依舊長青的媒體龍頭之一——華盛頓郵報公司。

華盛頓郵報公司與巴菲特之間的密切默契合作，使得華盛頓郵報能夠始終活躍在新聞媒體行業之中，正如巴菲特在其一九八七年寫給股東的信中所說的那樣：

我們必須強調的是，我們不會因為被投資公司的股價上漲或是因為我們已經持有一段時間，就把它們給處理掉，我們很願意無限期地持有一家公司的股份，只要這家公司所運用的資金可以產生令人滿意的報酬，管理階層優秀能幹而且正直，同時市場對其股價沒有被過度高估。

但是這不包含我們保險公司所擁有的三家企業，即使它們的股價再怎麼漲，我們也不會賣。事實上，我們把這些投資與之前那些具有控制權的公司一樣看待，它們不像一般的商品可以賣來賣去，反而像波克夏企業的一部分，不管「市場先生」提出再怎麼高的天價也不賣。

巴菲特的投資公司與華盛頓郵報公司已經形成一個利益共同體，所謂「一榮俱榮，一損俱損」。這樣的利益連帶關係，更加促進兩者的通力合作，最終達到兩者的共同目標——在長期發展中創造更多的市場價值。

巴菲特說：「在取得控制權或部分股份投資時，我們不但要試著去找一家好公司，同時最好是能夠有品格才能兼具而且為我們喜愛的管理者經營。如果是看錯人，在具有控制權的情況下，我們還有機會發揮影響力來改變，事實上這種優勢有些不太實際，因為更換管理階層，就像結束婚姻關係一樣，過程是相當費時痛苦而且要看運氣的。」

一第八章一

吉列：未來幾年會以驚人的速度增長

Warren Buffett

巴菲特為什麼要買吉列？

一九八九年，巴菲特再次出手投資，波克夏公司向吉列公司投注資金六億美元買入其股票，直至二〇〇三年，波克夏長期持股達十四年，公司盈利二十九億，其股票增值五倍。

吉列（Gillette）公司：由「吉列之父」金恩・吉列（King C. Gillette）創立，公司成立於一九〇一年，目前公司雇有員工達三萬人，其主要產品有刮鬍刀、電池以及口腔清潔衛生品。吉列公司的發展借助於兩次世界大戰，公司曾經於第一次世界大戰時期，打出口號為美國士兵提供「軍需品」——刮鬍刀及其刀片的口號，並且於第二次世界大戰時期，以「勞軍」為名，為美軍專門提供刮鬍刀，進而進駐男性市場。直至一九一七年，公司銷售刮鬍刀片數量高達一・二億片，佔據市場額度的八〇％。而後，吉列公司不斷創新生產新產品，再擴大原有的市場佔有率的同時，大力開發新的產業領域。吉列公司自一九四六年開始，陸續推出刮鬍刀架、雙刀刮鬍刀、旋轉頭刮鬍刀、彈簧刮鬍刀，並創新開發出「鋒速三」刮鬍刀。二〇〇四年，吉列公司生產出其最新除毛刀——女用Venus Vibrance除毛刀，進而正式打入女性市場，實現公司的全方位、多層次的發展規劃。

雖然只是生產小小的刮鬍刀、鋼筆等日常用品，但是正如巴菲特所說：「**我們不在乎企業的大小是巨型、大型、小型還是微型。企業的大小無所謂，真正重要的因素是：我們對企業、對生意懂多少，是否是我們看好的人在管理它們，產品的賣價是否具有競爭力。**」儘管吉列一開始只是一家小公司，但是由於管理者的領導有方，吉列迅速地佔領國內市場，並打開國際市場的大門。如今，吉列公司的美國市場佔有率已經達到九〇%——近乎壟斷，而其在全球消費市場的佔有率也高達七〇%以上，這是強有力地證明吉列公司極強的市場競爭力。

吉列已經被公認為「世界上最好的刮鬍刀」，有調查指出：北美洲每三個男性之中，就會有一個人在使用吉列的「鋒速三」刮鬍刀。放眼全球，吉列已經「掌握全世界男人的鬍子」。

這樣的商業優勢在巴菲特看來，就屬於優秀企業的「商業特權」之一，這種特權是其他競爭者不具備的本公司獨有的優勢。巴菲特將企業的這種特許權價值，比喻為一條環繞企業城堡的護城河，這樣的護城河為企業增加一道安全防護網，使得企業能夠發展更加平穩、更具保障。

我們放眼全球各種刮鬍類產業中的公司，沒有一家企業能夠在品質、專業、口碑、市場佔有率以及產品的生產成本上與之匹敵。

巴菲特曾經這樣評價吉列公司及其產品：

世界上每年要使用二千萬～三千萬片刮鬍刀刀片，其中有三〇％是吉列生產的。在有些國家和地區，例如：墨西哥和斯堪地那維亞，它們都佔有九〇％的市場佔有率。刮鬍刀是人們日常生活中不可缺少的用具，吉列一直是一家致力於開發更好的刮鬍刀的公司，而且它擁有極高的市場佔有率，在消費者心中具有不可取代的地位。正如我們所知道的那樣，刮鬍刀是我們每天都要用到的東西，你只需每年花上二十美元，就可以得到極為舒適的體驗。大多數男人在擁有這樣的體驗後，就傾向於不再更換其他品牌。

正是因為刮鬍刀是人們生活中的必需品，所以吉列公司永遠都不會沒有消費市場，加上其上百年的專業研究和生產，以及良好的品牌保證，使得吉列公司的實際長期價值遠遠高於其公司股票的市場價值。

所以，在對於吉列公司進行長期收益能力、現金流量情況、管理機制的設立，以及其產品本身的價值和特點做出全面反覆的研究之後，巴菲特決定把握住這樣的大好機會，立即制定出對吉列公司的投資方案，並迅速實施。

「**當你躺在床上，僅僅想到在你睡覺時，全世界大約有二十五億男人的毛髮仍然在生長這一點，你就會有非常舒服的感覺。在吉列工作的人，大概不會有睡眠問題。**」從這裡我們可以看出，巴菲特對於吉列公司是相當放心的，就像沒有人會擔心明天會有人不再購買大米或是自來水一樣，像這種完全滲透到人類日常生活、具有不隨時間和環境的變化而變化的穩定性商品，我們永遠都不用擔心它們的銷量和消費市場。

這是當今世界上前景最好的公司

自一九一七年，吉列公司幾乎佔領美國全部市場，並大力開發國際市場，吉列的持續高速的成長就一發不可收拾。

一九二〇年，世界上至少有二千萬人都在使用吉列公司生產的刮鬍刀及其刀片。

一九三九年至一九五〇年，吉列公司連續保持對世界職業棒球大賽的獨家廣播贊助權，使得其公司和產品進一步地打入世界市場。此後，吉列公司陸續贊助各種體育競賽，例如：賽馬、拳擊、橄欖球等比賽。

一九六二年，吉列公司繼續保持其高度的銷售業績，年銷售量達到二・七六億美元，這是吉列公司第四次打破並保持世界銷售紀錄，公司的淨利潤為四千五百萬美元，產品利潤率高達一六・四%。

一九六八年，吉列公司生產的刮鬍刀的銷量首次突破一千一百億片，再一次創造其產品的銷售奇蹟。

這樣的高成長和高收益，使得吉列公司博得許多企業和企業家以及投資者和業內人士的青睞與好評。同時，各大媒體雜誌紛紛關注並報導其事蹟和新聞，在二十世紀六〇年代，《幸福》雜誌統計美國五百家最大工業公司的利潤率，其中吉列公司名列第四，其投資回收率以達四〇%的高效回報而問鼎第一。

二〇〇五年，《商業週刊》評選世界品牌一百大，在評選名單中，吉列公司排名第十五位，其公司的品牌價值為一七五・三億美元。

以這樣的發展趨勢來看，吉列公司將會是未來許多生產日常用品的公司中的寵兒，坐穩龍頭老大的吉列在未來的發展前景將會更加廣闊。

查理和我一起設定，以一五%作為每年公司實質價值成長的目標。也就是說，如果在未來十年內，公司要達到這個目標，帳面淨值至少要增加二十二億美元。請大家祝我們好運吧！我們真的很需要祝福。

我們在一九九一年所經歷的帳面數字超額成長，是一種不太可能再發生的現象，受惠於可口可樂和吉列本益比的大幅飆升，僅僅這兩家公司就合計貢獻我們去年二十一億美元淨值成長中的十六億美元。

可口可樂與吉列可以說是當今世界上最好的兩家公司，我們預期在未來幾年它們的獲利還會以驚人的速度成長，我們持股的價值也將會以等比例的程度增加。然而另一方面，去年這兩家公司股價上漲的幅度遠高於其本身獲利增長的幅度，所以去年我們是兩面得利：一方面是靠公司絕佳的獲利能力，一方面是市場對於公司股票的重新評價。當然，我們認為這樣的調整是經得起考驗的，但是這種情況不太可能每年都發生，展望未來我們可能只能靠之前那一點而獲益。

——一九九一年巴菲特致股東的信

根據吉列公司的前期發展和巴菲特的思考分析，我們可以確信的是，吉列的成長能力十分強大，並且由於市場需求的保持穩定，吉列還是擁有很大的發展潛力。在未來市場競爭和市場的分割中，吉列公司依據其穩定的企業實質價值的增長，保證其能夠長期佔有企業原本所佔有的市場額度，並取得更為長久的發展和對消費市場的擴張佔有。

與此同時，這樣的大好前景和高速平穩的增長，也保證巴菲特投資的安全邊際，最終能夠令他獲得長期的投資報酬利益。

然而，任何一個產業的市場範圍不可能無限地擴大。因為整個市場的消費者是有限的，所以市場的額度最終也將在趨向於最大值後保持穩定。

如何才可以一直保持企業自身的持續競爭優勢，就成為許多想要在自身所處行業內立於不敗之地的企業們所需要考慮的問題。

可口可樂與吉列近年來也確實在繼續增加其全球市場的佔有率和品牌的巨大吸引力，產品的出眾特質與銷售管道的強大實力使得它們擁有超強的競爭力，就像在它們的經濟城堡周圍形成一條護城河。相比之下，一般的公司每天都在沒有任何保障的情況下浴血奮戰。

對於市場額度的日趨飽和，吉列公司還是能夠有效地保留其強大的市場佔有率，吉列公司利用其強大的品牌號召力及其品質的保障，再加上企業規模成本的下降和客戶滿意度的提升等後勤服務，最後提升企業的綜合競爭力，進而保證自身的長遠發展。

股價大跌又怎樣？

雖然吉列公司十分努力地保留企業在其產業內的市場額度，並且有效地利用自身品牌的強大吸引力，然而身處自由競爭市場的吉列公司，還是不可避免地遇到企業發展的瓶頸階段。

吉列公司自一九九九年就開始進入企業的低迷期，其下坡趨勢在一九九九年至二〇〇一年又最為顯著。在這段期間，吉列公司的股票從原本傲人的每股六四・二五美元狂跌到每股僅僅二四・五〇美元，其股價只是在這兩年裡就明顯下跌六二％，公司市場價值的總和減少將近四百億美元，而且這樣的衰退形式還在一直持續。

二〇〇一年，已經持續四年經濟增長停滯不前的吉列公司，又遭遇連續十五季未能實現銷售量的預期值和盈利收入計畫的困境。更為嚴重的是，吉列公司原本所佔有的市場額度也正在直線下降。同時，由於廣告支出的大幅削減，使得吉列公司的間接營業成本隨之不斷提高。

在二〇〇二年到二〇〇三年，在競爭對手舒適刮鬍刀的強勁激戰下，吉列公司的銷售量下降一三%。相反的，舒適公司在分得美國市場的一杯羹後，銷售量大幅提升一四九%。

在知道吉列公司這樣困頓的經濟市場狀況時，許多投資者或許就會開始擔憂公司股價是否會貶值，並且處於對未來損失的擔憂而陸續轉賣自己手中的股票。對於這樣的行為，巴菲特的看法是：「這就像你花了十萬美元買下一棟房子，然後你又告訴經紀人開價八萬美元把它賣掉，這真是愚蠢至極。」在他看來，曾經投入的代價在沒有獲得應得的收益前就放棄投資，是極為不明智的。

對於巴菲特來說，不論股市如何地變動，也不管所持有的股票如何地波動，他都不會對這些短期的經濟市場變化做出任何多餘並且不必要的反應。巴菲特從來都對自己所做出的投資決策抱持極大的信心，因此他向來不會太過關心自己投資的公司股價及其企業的短期銷售的情況。

作為一名成功的並且對自己和自己投資的公司具有高度自信的投資大師，巴菲特只需要一直保持對那些他看好的並且十分信任的公司大量集中地買進和投資。但是，對於投資企業的利潤縮水，巴菲特也不會無動於衷，他所採取的行動是——購買吉列公司的可轉換優先股。

吉列這家公司與我們喜愛的類型非常相近，查理和我都熟悉這個產業的環境，因此我們相信可以對這家公司的未來做一個合理的預估。但是我們沒有辦法預測投資銀行業、航空業或是造紙業未來的前景（我們在一九八七年買下所羅門兄弟公司的可轉換債券），這並不表示它們的未來就是一個負數，基本上我們是不可知論者，而不是無神論者。所以由於在這些產業上缺乏強而有力的論點支持我們，我們在這些產業上所採取的投資方式就必須與那些顯而易見的好公司、好產業有所不同。

這些可轉換股的報酬當然比不上那些具有經濟優勢卻還沒被市場發現的好股票，或許也比不上那些我們可以買下八〇%以上股權的優良企業併購案，但是大家要知道後面這兩種投資機會相當少，實在是可遇不可求，尤其是以我們現在的資金規模，實在很難找到適合的投資目標。

——一九八九年 巴菲特致股東的信

二〇〇九年七月十二日，巴菲特透過波克夏旗下的保險公司，以總金額六億美元、每股一千美元的投資價格，買進吉列公司的可轉換優先股，這些可轉換優先股的回報股利為八・七五%。巴菲特所投資的可轉換優先股在持股兩年後，每個優先股都可以轉換為二十個普通股，而普通股的股價為每股五〇美元，比起吉列公司當時的股票價格多出將近二〇%。這些轉換後的一二〇〇萬普通股，就等價於吉列公司所有具有投票權的股票的一一%。

股價的波動確實會給投資者帶來許多不利的影響，此時的巴菲特卻沒有像那些敏感的投資者那樣盲目棄股，而是冷靜地從長期發展的角度出發，關注公司本身的業績，承受價格波動，等待股價的再度回升。

從六億到五十一億

從一九八九年開始，巴菲特以六億美元的投資價格，買下將近九九〇〇萬股的吉列公司的股票，時至二〇〇三年，在其名下的投資企業波克夏公司，對吉列公司長達十六年的持股時間中，巴菲特忽視吉列公司股票曾經的波動和企業銷售的下降，堅持持股。

巴菲特對吉列的投資六億美元從一九八九年開始計算，股票在其長期持股的十六年之間，增值四十五億美元，股價的年均投資收益率高達一四%。

最終，在二〇〇五年一月二十八日寶潔公司併購吉列公司後，吉列公司的股價由每支股票的股價五·七五美元迅猛增長至每股五一·六〇美元。

由於寶潔公司併購吉列公司，使得吉列公司的股價飆升，也直接推動巴菲特的所持股票的市場總價值，從一開始的六億美元在當天猛增值至五十一億美元，實現巴菲特當初投資吉列公司的最終獲利目的。

這樣一來，我們可以看出，巴菲特對於吉列公司的投資，能夠從六億美元成長到五十一億美元，這樣的成長能力依靠的是巴菲特對投資對象的長期持股和集中投資。

股市的變換就像多變的天氣一樣，稍微有些風吹草動就草木皆兵，這是很不明智的。只有「放長線」才能釣到「大魚」，長期持股才能有豐厚收益。在股市中購買新股和分散投資都是不明智的，真正的投資者在巴菲特看來，應該「把所有雞蛋放在同一個籃子裡，然後小心地看好它」。

巴菲特說：「**一個人一生中真正值得投資的股票只有四到五支，如果發現了，就要集中資金，大量買入。要把注意力集中在幾家公司上，如果投資者的組合太過分散，反而會分身不暇，弄巧反拙。**」這就是巴菲特的投資智慧——集中投資策略。

巴菲特從來不屑於參與那些各種各樣看似收益頗豐的投資組合，在他看來，如果沒有適合的能夠令他看好的股票，他絕對不會做出任何多餘的投資行為，耐心等待績優股然後買進，才是巴菲特一直以來的投資作風：

作為一個獨立投資者的最大優勢就是：它可以站在本壘永久地等待一個好球，如果他想讓球精確地到達他的好球帶而不是其他地方，為了達到這個目的，他可以一直站在那裡等待，直到球有一天真的直直投過來。

因為在投資上總是保持謹慎和冷靜，巴菲特只會投資那些值得他長期持股的企業。這樣的投資策略，使得巴菲特能夠有足夠充足的資金，集中投資買入那幾樣他看中的企業股份。這樣的集中投資，有利於巴菲特對這些他即將要投資企業公司們的股票有一個全面的認識和瞭解。

全面地認識並分析瞭解一家公司的股票，需要很大的精力和能力，如果一個投資者的選擇是多元化的投資組合，如此多的公司股票怎麼可能一一瞭解並深入分析認識？

於是，就會有許多人雖然買了很多股票，看似是分散投資的風險，實則是提高投資的風險程度。因為，在這些投資者們選擇的投資組合中，幾乎沒有一家公司的股票是他們真正瞭解的，換句話說也就是：這些盲目無目標的投資者，根本不知道自己到底投資一家怎樣的企業。

「分散化是無知者的自我保護手段。對那些知道自己在做什麼的人來說，它幾乎毫無意義。」所以，巴菲特的投資向來只專注於自己熟悉的領域和自己瞭解的具有長期發展前途的企業，對於吉列公司的投資已經列入巴菲特的成功案例之中，巴菲特稱吉列公司與可口可樂公司是「傳奇性」的全球公司。「兩家公司的產品都暢銷全球，世界各地的人們視之為不可或缺的平價商品……我告訴你，對全世界很多人而言，可口可樂是一種必需品，刮鬍刀更是不必多說。」吉列公司和可口可樂公司不僅位列美國第一品牌，並且佔有國際消費領域的大片市場額度。

原本的看好得到吉列公司的優厚回報，再一次證明巴菲特的獨到眼光，他始終對吉列公司的產品和品牌深信不疑。這樣的信任和集中而長期的持股，收到吉列公司令人滿意的回報。正如巴菲特曾經在波克夏公司的年會宴會上所說：「真是一個讓人不可思議的刮鬍刀，只要看一下，我就覺得心滿意足。」

巴菲特說：「我們不在乎企業的大小是巨型、大型、小型還是微型。企業的大小無所謂，真正重要的因素是：我們對企業、對生意懂多少，是否是我們看好的人在管理它們，產品的賣價是否具有競爭力。」

一第九章一

美國運通：現在只是小虧損，將來一定大盈利

Warren Buffett

美國運通依然能被認可

一九六三年，美國運通公司身陷「迪・安傑利斯沙拉油醜聞案」，美國運通公司的蔬菜油倉庫儲存分支的一位客戶——聯合菜油加工公司（Allied Crude Vegetable Oil and Refining）的老闆迪・安傑利斯，以美國運通公司的沙拉油收據為擔保向銀行貸款。

然而，安傑利斯的公司實際上是一家信用評價為零的企業，根本沒有人確切地知道其倉庫的菜油儲存量為多少，但是他卻吹噓其虛假的油料庫存量，以出售市場憑證並向銀行騙取貸款。然而，這樣的欺騙行為最終被識破，隨著聯合菜油加工公司的破產，美國運通公司成為他的替罪羔羊，在各家債主的紛紛索債，美國運通公司損失六千萬美元，公司的執行長霍華德・克拉克（Howard Clark）聲稱，美國運通公司「已經資不抵債」。

在這件「沙拉油醜聞案」之前，美國運通公司截至一九六三年十一月的股價為六五美元，然而因為這場事故，而在一九六四年，美國運通公司的股票就迅速下跌至三五美元每股，這次暴跌使得許多投資者惶恐不已，都陸續大舉拋售手中所持有的美國運通公司的股份。

就在華爾街對美國運通公司不抱希望並建議其出售自家公司時，一直關注著美國運通公司的巴菲特卻另有想法。巴菲特提出一個問題：「美國運通的行業地位有沒有受到影響？」

透過收集幾乎所有關於美國運通公司的新聞和報導，加上巴菲特親自走訪各類餐館和接受美國運通信用卡及旅行支票的場所，在經過深入的調查和全面的剖析後，巴菲特得出結論：美國運通公司整體並沒有因為此次的「迪・安傑利斯沙拉油醜聞案」而失去廣大的消費大眾，顧客們依然很喜歡使用美國運通公司生產的產品。

雖然這次的「沙拉油醜聞」事件多少影響美國運通公司並令其股票大跌，但是巴菲特還是堅持自己瞭解並信任的這家公司，並於爆出醜聞的那一年——一九六三年，對無人問津的美國運通公司斥資十四・七億美元，買進這家公司所有能買到的股份。在其十一年時間的持續持有中，股票盈利七〇・七六億美元，股價增值四・八倍。

透過深入市場消費者的調查分析，巴菲特發現這個事件實際上並沒有影響到美國運通公司的群眾基礎。由於資訊不準確，卻使得許多投資者失去投資或繼續保持美國運通公司股票的這個大好商機。但是巴菲特卻以其敏銳的洞察力和對美國運通公司的親身訪問，最終把握這樣難得一遇的機會。

我實在不瞭解為什麼有些可能的買主會相信賣方提出的預估數字，查理和我連看都懶得看它們一眼。我們一再謹記一位擁有跛腳馬主人的故事，他牽著病馬去給獸醫看：「你可以幫助我嗎？我實在搞不懂為什麼這匹馬的表現時好時壞。」獸醫的回答正中要害：「沒問題，趁牠表現正常的時候，趕快把牠賣掉。」在併購世界中，這樣的「跛腳馬」往往被裝飾成聖物到處行騙。

在波克夏，我們無從瞭解這些有意從事併購的公司到底為什麼會做出這樣的舉動。與他們一樣，我們也面臨一個先天的問題，那就是賣方永遠比買方瞭解內情，所以很自然，他們一定會挑選賣出的最佳時機，也就是當「跛腳馬」表現都很正常的時候。

——一九九五年 巴菲特致股東的信

根據這段話，很明顯，美國運通公司就是吃了資訊不對稱的虧，由於不知道聯合菜油加工公司實際倉庫的菜油儲存量，公司的決策失誤導致六千萬美元的債務虧損。同樣也是因為資訊不準確，許多投資者僅僅因為美國運通公司的股票下跌而放棄投資，卻忽略這家公司實際的銷售情況和市場狀況。

在美國運通公司的「沙拉油醜聞」事件鋪天蓋地的瘋傳於美國的大街小巷時，巴菲特並沒有人云亦云地認定美國運通公司將無法生存下去，而是冷靜客觀地看待股價的波動起伏，首先確定所收到資訊的準確對稱性，果然讓他發現其中令眾人迷失認識的錯誤。然後，巴菲特派出「資深」調查員布蘭特深入調查，一一證實美國運通公司的實際市場和發展狀況。最後，巴菲特始終堅持自主決策，毅然果斷地買下葛拉漢絕對不會選擇購買的美國運通公司的股票。

以亢奮的衝刺速度投資美國運通

對於美國運通公司的「迪．安傑利斯沙拉油醜聞案」，巴菲特在眾人因為公司股票的狂跌而引起的恐慌中提出的問題——「美國運通的行業地位有沒有受到影響？」問得正中要點，「沙拉油醜聞」事件是否會影響顧客對美國運通公司的產品及其品牌的信任，才是投資者們真正應該關注並瞭解的方向。

慎重總是有好處的，因為沒有誰能一下子就看清楚股市的真正走向。五分鐘前還大幅上揚的股票，五分鐘立即狂跌的情況經常發生，你根本無法準確地判斷出這個變化的轉捩點。所以，在進行任何大規模投資之前，必須先試探一下，心中有數後再逐漸加大投資。

於是，透過對美國運通公司在其產業的競爭環境中的綜合實力和公司的長期發展趨勢，以及股市形勢的走向做出全面深入的剖析和評估之後，原本按兵不動的巴菲特預測到美國運通公司將會帶來投資經濟的又一次高峰，於是他看準這個絕佳的機會，市場群體大量恐慌的時候大舉投資。

從一九六三年起，巴菲特開始對美國運通公司的投資，他的投資於一九六四年六月底已經增長至三百萬美元。到一九六六年，巴菲特的投資已經繼續上升到一千三百萬美元，總共佔美國運通公司所有股票額度的五％。在巴菲特持股的兩年後，股票的價值漲了三倍，巴菲特在這次的投資中淨賺二千萬美元。

巴菲特對於美國運通公司的大量投資行為，可以稱得上是對這家他看好的公司狠下賭注，他將自己公司的四〇％的資產全部投入到美國運通公司，這樣的「豪賭」令許多投資者汗顏，然而巴菲特卻認為，只要確定自己的投資決策有安全保障，並且十分地瞭解這樣的投資行為的投資根據及其未來形勢，就放心大膽地去投資，「對你所做的每筆投資，你都應該有勇氣和信心將你的淨資產的一〇％以上投入此股」，巴菲特能夠為自己的投資負責到底，正是出於這樣的投資信心和決心。

我們回顧巴菲特投資美國運通公司的那一年，可以看出，那個時候只有巴菲特仍舊信任這個極具發展潛力和增長能力的企業，然而僅僅因為這家公司的經營蔬菜油倉庫儲存的這個小小的分支，大部分的投資者們甚至是整個華爾街，都一口否定美國運通公司的整體市場價值和企業的未來發展前景。

這樣的以偏概全使得那些聽風就是雨的盲目敏感的投資者們，在市場充斥著不準確和不對稱的負面資訊的時候恐懼不堪，以至於竟然放棄這個大好的投資和繼續投資的機會，爭先恐後地瘋狂轉賣自己手中所持有的股份。

巴菲特當然樂見大家都這樣做，因為他就可以買到更多的美國運通公司的股份，進而在其企業的未來發展中狠撈一筆，然而事實也證明巴菲特的決策之精明，他幾乎是一夜暴富。

「別人貪婪時要恐懼，別人恐懼時要貪婪。」這是巴菲特一直以來恪守的投資準則之一，正是這樣的投資理念，使得巴菲特在許多投資中收益頗豐，進而也創造許多投資經典案例。

我們確知的是「貪婪」與「恐懼」，這兩種傳染病在股市投資世界裡會不斷地傳播，雖然發生的時間很難準確預測，但是市場波動程度與狀況一樣不可捉摸，任何臆測終將徒勞無功，所以我們要做的事情很簡單，當眾人都很貪婪時，儘量試著讓自己覺得恐懼；反之，當眾人感到恐懼時，儘量讓自己貪心一點。

當我在寫這段文章時，整個華爾街幾乎嗅不到一絲的恐懼，反而到處充滿歡樂的氣氛。沒有理由不這樣啊，有什麼能比在多頭市場中股東因為股票大漲而賺取比公司本身獲利更多的報酬還高興的事情？只是我必須說，很不幸的是，股票的表現不可能永遠超過公司本身的獲利。

反而是股票頻繁的交易成本與投資管理費用，將使得投資人所獲得的報酬不可避免地遠低於所投資公司的本身獲利。多頭市場或許可以暫時模糊數學，卻不可能推翻它。

——一九八六年 巴菲特致股東的信

巴菲特利用這樣長期發展的視野來看待股市，居安思危、處變不驚，一直保持其穩健的投資風格。因為他瞭解市場不可能永遠保持欣欣向榮的景象，也不可能一直持續落寞低迷的狀態。股市也是如此，股價不可能長久地一路飆漲，也不可能無盡頭地狂跌不止。事物的變化是有其發展規律的，並受到其發展週期的限制和約束，不管身處怎樣的境地，股票的發展總是會有跌有漲的。

這支股票一定賺錢

當美國運通公司遭遇「迪・安傑利斯沙拉油醜聞案」時，許多投資者紛紛拋售對美國運通公司的持有股權，而當美國運通公司的最高總裁霍華德・克拉克（Howard Clark）宣布公司將會對這起「沙拉油欺詐」事件負起責任時，美國運通公司的股東們開始躁動起來，並且嚴厲反對公司對賠償高達六千萬美元的道義責任的履行。然而，此時的巴菲特卻毅然堅定地支持霍華德・克拉克的決策，並且主動出資上庭作證，支持美國運通公司的賠償決定。

於是，徹底失望的美國運通公司的各家股東和許多投資者，在霍華德・克拉克和巴菲特上庭承擔債務賠償的時候，爭先恐後地大量轉賣自己所持有的美國運通公司股票，導致美國運通公司的股價一路跌到三五美元。

以往我們所瞭解的，向來注重投資安全的巴菲特，在錢的問題上一向是謹慎小心，甚至可以說是吝嗇小氣。然而，這次竟然如此好心地又是出人又是出錢地支持霍華德・克拉克這些美國運通公司的管理者們，確實讓人感到匪夷所思。

但是我們再繼續觀察巴菲特之後的行為就可以發現，巴菲特這樣不惜犧牲金錢的目的所在——他利用美國運通公司的高額賠償，嚇跑幾乎所有原本持有美國運通公司股票的股東們，並在他們爭相拋售手中股票的時候，巴菲特就在另一頭樂不可支地繼續收購那些貶值的美國運通公司股票。

似乎，巴菲特將中國的古話「反其道而行」運用得淋漓盡致。當那些股東們強烈反對美國運通公司承擔賠償責任時，巴菲特起身大力支持；當那些投資者們大量出售對美國運通公司的持股時，巴菲特出資大量回購。於是，當那些錯過美國運通公司黃金成長時期的投資人為失去這樣的機會而大呼可惜時，巴菲特正在因為大量持有這家優秀公司的股票而賺得盆滿缽滿！

事實上，我們這樣的經營策略讓我們成為市場上的穩定力量。當供給短缺時，我們可以立刻進場滿足大家的需求；當市場過於飽和時，我們又會立即退出市場觀望。我們這樣的做法，才是最合理、對大家最有力的做法。這樣的做法可以間接達到穩定市場的效果，也符合亞當・斯密所提出的「市場有一隻看不見的手」的說法。

逆市場而行正是巴菲特的投資智慧所在，投資不是投機，巴菲特從來不會盲目跟從。

在巴菲特看來，成功投資者的收益來自於兩種方式。其一，長期地投資一家發展前景和增長潛力都極為優秀的公司；其二，從那些放棄以上那種優秀公司的股東手中低價購進股票，以期這些績優股的增值。

對於波克夏和其他美國股票投資人來說，過去這些年來大把賺錢簡直輕而易舉。一個真正稱得上長期的例子是：從一八九九年十二月三十一日到一九九九年十二月三十一日的一百年之間，道瓊工業指數從六六點上漲到一一四九七點。如此巨大的升幅只有一個十分簡單的原因：二十世紀美國企業經營非常出色，但是如今的投資人由於受到一連串自我造成的傷害後，在相當大程度上，減少他們本來能從投資中實現的收益。

……

當股市上漲時，所有的投資者都會感覺更有錢，但是一個股東要退出，前提必須是有新的股東加入接替他的位置。如果一個投資者高價賣出，另一個投資者必須要高價買入。對於所有的股東作為一個整體而言，如果沒有從天而降的金錢暴風雨神話發生，根本不可能從公司那裡得到比公司所創造的收益更多的財富。

實際上，由於「摩擦成本」的存在，股東獲得的收益絕對少於公司的收益。我個人的看法是：這些成本如今正在越來越高，將會導致股東們未來的收益水準遠遠低於他們的歷史收益水準。

——二〇〇五年 巴菲特致股東的信

投資是人為的行為，這樣的市場就不可避免地受到投資者心理的影響，「追漲殺跌」指的就是在股市中股價變化所引起的投資者心理變化，我們所看到的股市中的股票狂升或暴跌都或多或少地、間接或直接地受到投資者的投資心理影響。巴菲特正是利用投資者的利益導向和短期目光這個投資心理，從那些原本持有績優股的股東手中低價購進即將升值的股票，進而使得自己獲利。

美國運通將再次改變美國人的命運

美國運通公司（American Express），創立於一八五〇年，其公司總部設於紐約州水牛城。美國運通公司最開始是以快遞產業興起，之後逐漸擴大生產並擴張產業面，如今的美國運通公司已經是產品行業覆蓋簽帳卡及信用卡、旅行支票、旅遊、財務策劃、投資產品、保險及國際銀行服務等各項金融服務行業，並且擁有國際上最大的金融投資及資訊處理、旅遊服務及綜合性財務和領先國際財務計畫及銀行，多元化全球旅遊、財務和網路服務的國際性跨國公司。

在巴菲特看來，作為唯一的一家反映美國經濟道瓊工業指數的前三十家公司中的服務性公司，美國運通公司在很大的程度上曾經改變美國人的生活方式和生活形式。

在以優質的服務作為基礎的美國運通公司，經由「出門不能沒有它」等經典有力的廣告和宣傳，美國運通公司打造其享譽世界值得信賴的品牌形象。於是，我們看到美國運通卡推出和盛行，即使是在受到「迪・安傑利斯沙拉油醜聞案」的打擊之下，就算是連華爾街都放棄這家高品質公司，世界各地消費者們仍然在樂此不疲地使用美國運通公司的高質產品、享受美國運通公司的優質服務，美國運通公司的旅行支票和匯票的銷量依然保持穩健的發展趨勢，絲毫沒有下降的跡象。

我們看到，在美國運通公司任何產品的銷售方面或是服務的提供方面，全世界許多消費者們對於美國運通公司長久的、高度的忠誠感，都是透過對美國運通公司品牌的信任而建立起來。所以，巴菲特會認為：從信用卡到旅行支票，美國運通公司改變美國人的命運。

這樣我們就能明白，為什麼巴菲特會一直如此看好美國運通公司。出於對美國運通公司品牌的信任，巴菲特持續不斷地增加對美國運通公司的投資，也是因為美國運通公司的品牌信譽，巴菲特在對其十一年持股裡利潤逐年增加。

在尋找新的投資目標之前，我們選擇先增加舊有投資的倉位。如果一家企業曾經好到讓我們願意買進，我想再重複一次這樣的程序應該也是相當不錯的。在股票市場中，投資人經常有很多機會可以增加他對感興趣的公司的持股，就像去年我們就擴大可口可樂與美國運通的持股。

……

我個人在美國運通的投資歷史包含好幾段插曲。在二十世紀六〇年代中期，趁著該公司為沙拉油醜聞所苦時，我們將巴菲特合夥企業四〇%的資金壓在這支股票上，這是合夥企業有史以來最大的一次投資，總計花了一千三百萬美元買進該公司五%的股份。時至今日，我們在美國運通的持股將近一〇%，但是帳列成本卻高達十三・六億美元，美國運通一九六四年的獲利為一百五十萬美元，一九九四年增加至十四億美元。

——一九九四年 巴菲特致股東的信

巴菲特為何會如此長期地看好並保持投資美國運通公司，不僅是為了其公司產品的品質信任和對其現有的企業良好的品牌商譽，更是因為美國運通公司始終都在致力於保持並提升其優質品牌。

這樣始終如一地重視公司的品牌信譽，才是巴菲特真正看好並選擇長久投資的原因，正如巴菲特所說：

一家真正偉大的公司，必須有一條堅固持久的「城牆」，保護它的高投資回報。資本

動力學決定競爭對手會不斷進攻那些高回報的商業「城堡」。商業的歷史充滿「羅馬蠟燭」（特指資本在進入商業市場的過程中，為自身產業構築『城牆』或是拆毀競爭對手『城牆』以達到佔領該行業領域額度的目的），那些自我保護措施不足的公司會很快在競爭中敗下陣來。

儘管曾經構築的「城牆」是難以逾越的，但是在競爭激烈的商業市場中，沒有哪家公司能夠一勞永逸地守著原本的舊「城牆」而始終收穫利潤，「二十年後一定會盈利的國家，它的『城牆』就加厚一些」，所以美國運通公司一直都在努力保持其強大世界性品牌的信譽和價值。

因此，我們可以從巴菲特的字裡行間得到答案，在將來的持久發展中，美國運通公司將再次改變美國人的命運。

「別人貪婪時要恐懼，別人恐懼時要貪婪。」這是巴菲特一直以來恪守的投資準則之一，正是這樣的投資理念，使得巴菲特在許多投資中收益頗豐，進而也創造許多投資經典案例。

一第十章一

富國銀行：永久性虧損機率極小

三成本金將收不回來

美國第五大銀行——美國富國銀行（Wells Fargo），是由Henry Wells和William Fargo於一八五二年一起在加州創建，這家銀行在一九九八年與西北銀行合併後被正式稱為富國銀行。美國富國銀行是加州歷史最為悠久的地方性銀行，也是現今美國銀行界最好的行業代表之一。

自一八五二年起，美國富國銀行就以其名列美國銀行存款市場額度前位的優勢，以及其美國第一的抵押貸款發放量和小型企業貸款發放量，並擁有全美第一的網上銀行服務體統，成為美國西部信貸服務的象徵性企業之一，並且是美國唯一一家獲得被穆迪評級機構評級為3A評別的銀行，其商業銀行市值名列全球第四，截至二〇〇四年，美國富國銀行的總資產達四二八〇億美元。

作為一家多元化金融服務公司，富國銀行為全球客戶提供全能服務，其業務經營涵蓋資產管理、社區銀行、不動產計畫、投資和保險、抵押和貸款、專門借款、公司貸款、個人貸款以及房地產貸款。

似乎所有人都會以為銀行業是一個不錯的投資領域，但是「股神」巴菲特卻提出忠告——投資銀行業需要謹慎：

其實，只要不做蠢事，銀行業是一個很好的行業。銀行業能以極低的成本得到資金，無須去做蠢事（就能賺錢）。然而，銀行業週期性地做蠢事，而且一窩蜂地做蠢事，例如：二十世紀八〇年代的國際貸款。如果你的資金成本不到一．五%，就不必像火箭工程師那樣聰明，照樣可以賺錢。

可見，其實銀行業是依靠槓桿幸得資產營運，通常銀行的資產與權益的比率為一：二〇，因此如果資產發生偏差或錯誤，銀行股份所有者的權益就會直接受到衝擊。

銀行業並不是我們的最愛，因為這個行業的特性是資產約為股權的二十倍，代表只要資產發生一點問題就有可能把股東權益虧光，而大銀行出問題偏偏早已變成是常態而非特例。

許多情況是管理當局的疏失，就像去年我們曾經提到的系統規範——也就是經營主管會不自主地模仿其他同業的做法，不管這些做法有多愚蠢，在從事放款業務時，許多銀行業也都有旅鼠那種追隨領導者的行為傾向，所以現在他們也就擁有像旅鼠一樣的命運。

因為二〇：一的比率，使得所有的優勢與缺點會被放大，我們對於用便宜的價格買下經營不善的銀行一點興趣也沒有。相反的，我們希望能夠以合理的價格買進一些經營良好的銀行。

——一九九〇年 巴菲特致股東的信

因為銀行產業包含抵押和貸款這項業務，使得銀行與浮動變幻的房地產業相掛鉤，當房地產的泡沫經濟出現出現危機的時候，此時與之緊密相連的銀行業也將面臨巨大的資產和現金流的挑戰。

所以，銀行業在房地產的抵押和貸款方面所佔據的地位是極其被動的。「即使你收取二〇%的房貸首付，但是如果其他人做出足夠多的蠢事，房價下跌還是會連累你。」因此，我們可以看見在美國房地產急劇降溫的連帶作用之下，銀行業也開始走下坡，進而連鎖反應地使得整個美國的經濟形勢和狀況趨於滯怠。所以，在這次惡性的經濟骨牌效應的影響下，許多投資者對於原本看似穩定的銀行業投資的本金中，將會有三〇%收不到應得的回報利潤。

然而，巴菲特卻出人意料地選擇投資美國富國銀行，同樣是經營銀行產業，但是巴菲特卻唯獨看好美國富國銀行。對於眾人的不解和疑問，巴菲特是這樣解釋的：「很難想像像富國銀行這家大型企業還可以保持其獨特之處，人們會認為當富國銀行增長到一定的規模時，就會變得和其他銀行一樣。然而，富國銀行按照自己的方式行事，儘管這並不意味著他們所做的一切都是正確的。他們從來沒有因為其他銀行都在做某件事情就覺得自己也應該跟風，往往就是大家在說『別人都在做，我們為什麼不做』的時候，銀行開始陷入困境。」

因為，即使是產業覆蓋房地產的相關業務，但是美國富國銀行卻沒有涉足關於選擇權的浮動利率抵押貸款這類專案。所以，當許多銀行都因為盲目跟從地選擇這些項目而面對巨大信貸損失時，美國富國銀行卻相對損失較小，並在短期內恢復。

富國銀行可能遭遇一場災難

二十世紀九〇年代，受到一九八九年至一九九二年經濟危機的影響，美國許多銀行產業都進入衰退低迷期。這場危機中，加州和設址於當地的美國富國銀行也不能倖免於難。出於對西海岸的經濟衰退的帶動效應，投資者們對加州的商用及民用房地產的貸款擔憂不已，而作為加州向房地產貸款最多的銀行，美國富國銀行對這些將要受到的巨大房地產貸款呆帳損失首當其衝，於是那些紛紛開始拋售其在加州的銀行和儲蓄機構，尤其是對美國富國銀行所持有的股票。

於是，由於美國經濟的大幅衰退、房地產行業的持續下跌，以及許多投資者的不斷撤資，業界人士以及大量股民都在預測：美國富國銀行可能遭遇一場災難。

就在美國富國銀行受到經濟危機和房地產泡沫的雙面夾擊中，由於投資資金的大量撤出，美國富國銀行的股價也在一九九〇年到一九九一年持續大幅下跌——由二十世紀九〇年代早期的每股八六美元跌至一九九〇年的每股五七・八九美元，巴菲特卻於一九九〇年大舉買進美國富國銀行的股票，以四・六三億美元的投資購進美國富國銀行的股份，並在一九九二年至一九九三年，持續增持其在美國富國銀行的股份。

許多人或許就開始有疑問，市場估價持續下跌的美國富國銀行，為何會受到巴菲特如此青睞？其實不然，巴菲特的著眼點並非美國富國銀行的房地產抵押和貸款這個方面的產業，而是關注於它的投資業領域。

我認為，大多數批評富國銀行的人甚至都不知道富國銀行有保險業務，僅僅保險業務就價值數十億美元，富國銀行抵押貸款業務的數量也十分可觀。批評意見可以適用於其他銀行，可以適用於花旗銀行，可以適用於美國銀行（BOA），但是不適用於富國銀行。

因為看中美國富國銀行的保險業務，巴菲特才會大舉入股。

自巴菲特的投資生涯開始，他就十分地青睞保險這個投資領域。雖然保險業的投資風險很高，但是由於災難和事故的發生率較小，使得保險業的高風險之中又伴隨著極高的收益利潤。對於危險發生的低機率性因素，巴菲特這樣解釋保險業的風險和收益：

雖然我們在分析風險時還不能達到十分確定，然而我們還是有辦法做得更穩妥，就像我們不需要知道一位老人的年齡，就能判斷是否因為他老邁以至於不能參加選舉，或是只需要觀察一個人的體態，而不需要知道他的準確體重，就知道他是否需要節食一樣，而且這種估計的方法與我們的生活經驗是相符的。

實際上，保險業就是透過對災害和事故的極低發生機率來獲取每年許多的投保資金，並從中賺得豐厚的利潤。這種幾乎沒有成本和較低風險的獲利能力和手段，使得保險業經常處於高額的利潤回收狀態，雖然遇到巨大災害或是極為嚴重的事故時，保險業將要付出很大的賠償，但是整體來說，似乎保險業的「高利潤」總是會比其產業的「高風險」發生頻率要高一點。

由於真正重大的災害並不是每年都發生，所以我們的巨災業務極有可能在連續幾年賺大錢後，突然發生重大損失。但是大家必須瞭解，所謂重大損失的年頭不是可能會發生，而是絕對會發生，唯一的問題是它什麼時候會降臨。

——一九九七年 巴菲特致股東的信

以長期而言，災害和事故的發生就像擲骰子一樣，我們不確定下一個會是災害事故還是平安無事。於是，對於銀行這種高週期性的行業，巴菲特投注其能夠在低谷仍能較高機率地保有利潤的領域——保險業務。

正如巴菲特所說：「我們會不時遭受重大的損失，然而我們還是很願意接受這種波動較大的結果，以換取長期的優良收益。雖然大多數投資機構寧願選擇能給他們帶來平衡收益的投資戰略，但是我們不是，我們選擇一種更具有優勢的策略來戰勝市場，並將我們的優勢最大化，當然我們也願意承擔與此相關的後果。」

所以，無論在何時，人類的危機意識始終存在。儘管是在經濟極度不景氣的情況下，美國富國公司仍然能夠透過其保險業務賺取足夠的利潤收益，這也是許多為獲得平穩利益而從美國富國公司撤資的股東們沒有考慮到的。

很快就會頑強反彈

對於美國富國銀行的投資，巴菲特並不只是出於對保險業務的看好，如果只是這樣，巴菲特的投資決策就過於片面單薄。巴菲特決定投資美國富國銀行，是經過整體地觀察分析和深思熟慮，根據外部和內在的環境和條件，以及美國富國銀行的各方面優勢，各方考證和預測，巴菲特才做出投資決定。

在美國富國銀行的股價在一九八八年到一九八九年大幅下跌四〇%、從一九八九年到一九九三年連續五年的負增長、一九九二年公司盈利利潤為〇、一九九三年公司的貸款呆帳損失為六・四%的情況下，巴菲特依然選擇買下這個爛攤子，可見巴菲特對美國富國銀行未來發展前景的絕對看好和對自己決策的正確性的篤定。

我知道富國銀行的商業模式運作良好，比其他銀行好了一大截。富國銀行的資金來源比其他銀行更低廉，這就像在所有大型汽車保險供應商中，蓋可保險公司（GEICO）是一家低成本供應商一樣。假如你是低成本供應商，不管是供應銅還是提供金融服務，都會佔有很大的優勢。

從這裡我們可以看出，巴菲特真正看好美國富國銀行最主要的原因所在——美國富國銀行的安全邊際高。

所謂「安全邊際」，指的就是企業在生產銷售過程中，產品或服務的單位生產成本與單位銷售收入之間的增長差額，該差額受到企業的總成本和中間業務的影響。

過去我們也成功地投資好幾次投資等級以下的債券，雖然他們大多是傳統上所謂的「失翼的天使」（指原先發行時屬於投資等級高，但是後來因為公司出現問題而被降等）。

但是到了二十世紀八〇年代，大量假冒「失翼的天使」充斥著整個投資界，也就是所謂的垃圾債券。這些債券在發行時企業本身的信用評級就不佳，十幾年下來垃圾債券越來越垃圾，最後真的變成名副其實的垃圾。到了二十世紀九〇年代，在經濟衰退引發債券危機之前，整個投資界已經布滿著這些假冒「失翼天使」的屍體。

迷信這些債券的門徒一再強調不可能發生崩盤的危機，巨額的債務會迫使公司經理人更專注於經營，就像一個駕駛員開著一輛輪胎上插著一支匕首的破車，大家可以確定這個駕駛員一定會小心翼翼地開車。當然，我們絕對相信這個駕駛員一定會相當小心謹慎，但是還有一個變數必須克服，那就是：只要車子碰到一個小坑洞或是一小片雪，就可能造成致命的車禍。但是偏偏在商業的道路上，遍布著各種坑坑洞洞，一個要求必須避開所有坑洞的計畫，實在是一個相當危險的計畫。

——一九九〇年 巴菲特致股東的信

透過巴菲特以上的敘述，我們可以看出，當時爆發的債權危機和經濟衰退使得許多企業遭到重創，那個時候的許多人所持有的「匕首理論」實際上是萬萬不可行的。在巴菲特看來，**只有堅持「安全邊際」的投資原則，才可以保障投資者的投資能夠周全妥善、平穩有效地換取預期的收益。**

我們來分析一下，從整體來看，美國富國銀行的公司收入和盈利雖然在美國經濟危機和房地產泡沫的影響下舉步維艱，甚至可以說是在走下坡。但是以微觀角度來審視，美國富國銀行的成本增長遠低於其收入增長，即銀行的中間業務正在持續上升，從一九八四年到一九八九年，美國富國銀行的中間業務收入年均增幅高達二四％，銀行的利息收入增長一五％，其非利息收入增長一二％。

可見，雖然美國富國銀行的發展在外表的大體上看來很艱難，但是由於其內部實際上是在逐漸恢復並穩步發展，所以由於「安全邊際」的完全保障的條件，美國富國銀行才能夠在巴菲特的預期內很快地頑強走高。

成本，是一個企業快速打入市場、佔領市場額度、推進長遠發展的重要原因之一，一家企業的個體產品生產成本低於社會產品生產成本，這家企業就具有近乎絕對的生產和商業優勢。因此，巴菲特預言：

富國銀行也沒有什麼定時炸彈，富國銀行會有一些虧損，這是毫無疑問的，而且虧損會高於正常值。現在如果富國銀行的資金成本提高一％，就將會有一百億美元的差額。但是，他們有秘訣達成低成本的存款和來自顧客的副業收入的雙增長。

忍受虧損只因為更看好它

儘管美國富國銀行具有極高的「安全邊際」，但是這家銀行真正反映在商業市場和股票市場的情況還是不容人樂觀。

從一九九〇年買進美國富國銀行的股票開始，伴隨著富國銀行持續四年的股票低迷，巴菲特也一直忍受著投注資金的不斷縮水和虧損。

一九九一年，美國富國銀行的不良貸款撥備狂升至十三億美元，這個數值是一九八九年的四倍有餘，使得美國富國銀行近乎虧損；一九九二年，美國富國銀行的貸款撥備仍然高居十二億美元，銀行的年終淨利潤比一九九〇年下降七一%。

儘管面臨如此艱難的發展和投資環境，巴菲特仍然堅持持有美國富國銀行的股票，並且他從購進這家銀行股票的次年開始，就一直增加對其的持股投入。截至一九九六年，巴菲特的總資金投入將近五億美元，這樣的勇氣和決心不得不令人佩服，尤其是許多短線投資者們，在他們一看到美國富國銀行這樣的不利情況，就立即調轉方向全速撤離的時候，巴菲特仍然可以充滿信心地堅守陣地。

果然，在度過艱難的低迷期後，美國富國銀行又迎來輝煌的黃金發展時代。在巴菲特投資以來的二十年時間，美國富國銀行的股東回報率為二三％，銀行市值由一九八八年的不到二〇億美元增至一〇五〇億美元，其股價也在一九八四年到二〇〇四年的二十年之間，由每股一・九二美元升值為六二・一五美元，其中每股盈利增長十倍有餘，從原本的〇・八四美元增長至一・八六美元。

當年，巴菲特以平均五七・八九美元、總投資成本為四・六三億美元的價格買入美國富國銀行的股票，直至二〇〇四年，隨著美國富國銀行的市值增至三十五・〇八億美元，十五年之間，巴菲特的投資收益率高達六五七・六七％。

不辜負巴菲特的支持和信任，美國富國銀行最終還是快速地恢復並繼續高效地成長來，再一次地證明巴菲特敏銳的商業投資遠見和長期持股的智慧。

去年我們增加一些富國銀行的股票，除此之外，在我們六大持股之中，可口可樂最後一次調整持股的時間是一九九四年、美國運通是一九九八年、吉列是一九八九年、華盛頓郵報是一九七三年，而穆迪信用是二〇〇〇年，股票營業員實在拿我們沒辦法。

對於目前手上持有的這些投資組合，我們既不覺得興奮，也沒有抱持負面看法。我們擁有的是一些優質企業的部分所有權，雖然去年這些企業的實質價值都有長足的進步，可是同樣其傑出的表現也反映在股價之上。

——二〇〇三年 巴菲特致股東的信

對於任何的股市和投資的變化，巴菲特都是淡定而冷靜的，所以他沒有跟隨眾人一同拋售美國富國銀行的股票。任何事物的發展都是曲折的，真正的好企業將會在激烈的市場競爭中曲折向上地發展，最終脫穎而出。

在經濟學的研究中，包括市場在內的任何經濟事物的發展過程都具有其必然存在的週期性。正是由於這樣的經濟週期的存在，巴菲特選擇對那些具有絕對市場優勢和發展潛力的優秀企業保持長期的持股。在巴菲特這樣的支持下，美國富國銀行才會從二十世紀九〇年代的低迷期中走出來，發展至二〇〇四年，達到總資產收益率一・七一%、淨資產收益率一九・六%、不良貸款率為〇・五五%、資本充足率和一級資本充足率分別為一二・〇七%和八

・四一％，以及股東分紅率四四・八％，並於二〇〇五年十月十四日創下股票收盤價五八・九八美元、市場盈利率增長十三・八三倍、市場淨利率增長二一・六四倍。

因此，我們回顧巴菲特回覆《財星》雜誌的話：

我關注的是盈利能力。可口可樂沒有有形的普通股權益，但是可口可樂有巨大的盈利能力。至於富國銀行，它的顧客是無法被搶走的，顧客每個季度都在增長，顧客就是富國銀行的搖錢樹。富國銀行不是依靠做蠢事來賺錢，它賺錢的法門是極好的資產利差。

從長遠發展的角度來看，美國富國銀行擁有極為深厚廣大的顧客基礎，在相對於其他銀行所具有的成本優勢和十分優秀的管理經營團隊，在這樣高效的盈利模式之下，短暫的低迷只是一時的，巴菲特的忍受虧損也是暫時的。在經歷企業的理性決策和有序經營之後，我們應該更加看好美國富國銀行的未來發展。

在巴菲特看來，只有堅持「安全邊際」的投資原則，才可以保障投資者的投資能夠周全妥善、平穩有效地換取預期的收益。

一第十一章一

中國石油：價格將超越價值

Warren Buffett

這家公司價值一千億美元

從十一歲起，華倫・巴菲特就開始涉足股票投資市場，並在此之後的投資事業中日趨成功。在這位近乎偉大的「股神」的投資行為導向下，許多投資者紛紛追隨效仿，帶動美國的投資熱潮。

正當華爾街傾心熱衷於在美國的市場經濟下翻雲覆雨時，這位「神奇」的「奧馬哈聖人」卻將目光投注到如今在經濟全球化的帶動影響下的「新興市場」中的先驅——中國投資市場。

作為巴菲特的「中國概念股」名單中的首項投資專案，其實早在二〇〇三年，轉戰中國市場的巴菲特就開始關注剛登陸香港股市的中國石油，「我做的所有事情就是在辦公室閱讀它的年報」，在那個時候中國石油的股票發行價僅僅為每股一・二七港元，然而這家在中國油氣行業內佔據主導地位的最大油氣生產、銷售以及收入最大的公司之一，才上市不久就跌破發行價，最低跌至一・一〇港元。

於是就在此時，巴菲特看準中國石油股價大跌的這個大好時機，於二〇〇三年四月，以平均一・六五港元每股的價格果斷進軍中國股市，購進中國石油的國企股，並在二〇〇四年，以介於一・一〇港元和一・二〇港元之間的平均價格，連續買進十一・〇九億股中國石油的國企股，並且又陸續以介於一・六一港元和一・六七港元之間的平均價格，繼續增持八・五八億股中國石油的國企股。直至二〇〇七年，巴菲特總共買進中國石油二十三・三九億股，其總投資金額高達五億美元，並且所持有的股票總數量上升為二十三・四八億股，僅次於英國石油公司成為中國石油的第三大股東，並在開始持股至二〇〇七年的五年持股中，巴菲特的投資盈利三十五億美元，帳面盈利超過七倍，所持股份增值八倍。

「我們大概投入五億美元的資金，我們賣掉我們賺到的四十億美元，我昨天寫一封信給中國石油，感謝他們對股東所做的貢獻，中國石油的紀錄比任何世界上的石油企業都要好，我很感謝，所以我寫一封信給他們」，對於首次在中國買進的股份，巴菲特顯然很高興，因為「我讀了報告，和自己說，這個公司應該價值一千億美元左右，然後我看了一下公司的股票交易市值。我一般是先看報告，形成對於公司價值的判斷，然後再看公司的價格，否則先看公司的價格會潛意識地影響對於公司價值的判斷。如果不受到公開市場報價的影響，我能更好地對公司進行估值。中國石油整體市值為三百五十億美元左右。這就像我能用三百五十億美元價格買到一千億美元價值的東西，雖然我不能買到控制權，但是我喜歡這個投資。我沒有辦法以這個價格購買美孚或是殼牌這樣的公司。

出於在投資前會做出之前深入的調查和瞭解的習慣，雖然沒有切身地體會中國石油在中國的發展形勢，但是透過年報，巴菲特卻做到對中國石油的瞭若指掌。

如果你不能立刻足夠瞭解自己所做的生意，即使你花上一兩個月時間，情況也不見得會有多少改觀。你必須對你可能瞭解的和不能瞭解的有切身體會，你必須對你能力範圍有準確的認知。範圍的大小無關大局，重要的是那個範圍內的東西。哪怕在那個範圍內只有成千上萬家上市公司裡的三十家公司，只要有那三十家公司你就沒問題。

你要做的就是深入瞭解這三十家公司的業務，你根本不需要去瞭解和學習其他的東西。早年的時候，我做了大量功課來熟悉生意上的事情。我們要做出去，採取所謂「抹奶油」的方式，與公司的用戶談，與企業以前的員工談，與企業的供應商談，與我們能找到的每個人談。透過這種手段，你很快就會發現誰是業界最好的企業。

——一九九八年 巴菲特在佛羅里達大學商學院的演講

只有充分地瞭解自己和投資對象的詳細情況，才能做出明智正確的投資決策。《孫子兵法》有云：「知己知彼，百戰不殆。」從巴菲特身上我們可以看到：當你把握全局形勢、瞭解對方情形、認清自身能力，才能從許多沒有頭緒的資訊中，劃分出有利的投資因素和不利的投資阻礙，並在清醒的、多角度的全局觀的引導下，做出合理的、準確的投資決策和投資規劃，並在這樣切實可行的投資方案中有效地實施執行。

巨幅上漲只是一個表象

雖然曾經大幅度地下跌，甚至是跌破發行價，然而在經歷起初短暫股市的低谷後，中國石油的股價又開始堅挺地大幅攀升。

二〇〇三年，中國石油的每股收益為〇・四〇，公司總股本為一七九〇億元人民幣；二〇〇四年，中國石油的每股收益上升為〇・五五，公司的每股淨資產為二・二四，綜合毛利率為五四％，其淨資產收益率為二五％，公司總股本保持一七九〇億人民幣；二〇〇五年，中國石油的每股收益繼續增長至〇・七二，公司的每股淨資產為二・六六，綜合毛利率為五〇％，其淨資產收益率為二七％，公司總股本仍為一七九〇億人民幣；二〇〇六年，中國石油的每股收益上漲為〇・七六，公司的每股淨資產為三・〇二，綜合毛利率為四七％，其淨資產收益率下跌為二五％，公司總股本持續為一七九〇億人民幣；到了二〇〇七年，中國石油的每股收益略微下跌為〇・七五，公司的每股淨資產為三・七〇，綜合毛利率雖然上漲為四二％，其淨資產收益率卻下降為二〇％，最後公司總股本上升為一八三〇億人民幣。

從以上的資料，雖然某些資料似乎有些波動，但是以股價收益和股票的淨資產以及最終的公司總股本的增加，我們大體上可以看出，中國石油在股市的形勢是步步上升的。

如果之前的資料還不能說明問題，我們再看：二〇〇三年，中國石油的每股價值為四・四二港元，而到了二〇〇七年，中國石油的每股價值卻已經上漲為一二・九六港元；二〇〇三年，中國石油的公司價值為一千億美元左右，但這只是巴菲特的股價，並不代表市場的價值估計，那個時候中國石油的實際市場價值只有三百五十億美元，然而到了二〇〇七年，中國石油的價值卻大幅上漲至二千七百五十億美元。

由此可見，中國石油很對得起信任它的許多投資者，它的股票成長迅猛而又高速，中國石油的股價以驚人的速度在巨幅上漲。

但是，就在中國石油的股市情形一片大好的時候，巴菲特卻令其名下的波克夏公司於二〇〇七年七月開始，分批出售對中國石油所持有的股份，並於九月持續減少對中國石油的股份持有額度至七・九九％。

或許有人會感到不解，為什麼中國石油的股市情形如此之好，巴菲特還要減少對它的股票持有量？因為「市場總是錯的」，在巴菲特看來，投資市場總是會模糊投資者的視線，混亂他們的投資方向和思維，進而影響和控制這些迷失的投資者們。

班傑明・葛拉漢是我的老師，也是我的朋友，他很久以前說過一段對於市場波動心態的話，是我認為對於投資獲利最有幫助的一席話。

他說：「投資人可以試著將股票市場的波動當作是一位『市場先生』每天給你的報價。不管怎樣，『市場先生』每天都會報一個價格要買下你的股份或是將手中的股份賣給你。即使是你們共同擁有的合夥企業經營穩定變化不大，『市場先生』每天還是會固定提出報價。同時『市場先生』有一個毛病，那就是他的情緒很不穩定，當他高興時，往往只看到合夥企業好的一面，所以為了避免手中的股份被你買走，他會提出一個很高的價格，甚至想要從你手中買下你擁有的股份；但是當他覺得沮喪時，眼中看到的只是這家企業的一堆問題，這個時候他會提出一個非常低的報價要把股份賣給你，因為他很怕你會將他手中的股份塞給他。

『市場先生』還有一個很可愛的特點，那就是他不在乎受到冷落。如果今天他提出的報價不能被接受，隔天他還會上門重新報價，要不要交易完全由你決定，所以在這種情況下，他的行為舉止越失措，你可能得到的好處就會越多。『市場先生』是來為你服務的，千萬不要受到他的誘惑反而被他引導，你要利用的是他飽飽的口袋，而不是草包般的腦袋。如果他有一天突然傻傻地出現在你面前，你可以選擇視而不見或是好好地加以利用，但是如果你佔不到他的便宜反而被他愚蠢的想法所吸引，你的下場可能會很淒慘。」

——一九八七年 巴菲特致股東的信

巴菲特這樣一說，我們就會明白，市場本身具有隨機性和盲目性，因為在市場的背後是一群沒有固定原則的、充滿感性選擇的消費大眾，這樣的消費群體僅僅是從簡單的價格比較出發，便宜的就多買，貴的就少買。這樣的簡單思維反映到投資市場中，就表現為：股價隨著市價的上漲而更多人購買，股價隨著市價的下降而購買減少。當突然上漲時，緊跟消費市場腳步的投資市場就會出現股價的迅速下跌，而往往這樣的下跌速度，是任何人都無法預料和趕上的，於是你被套牢了！

至此，我們就可以明白，為什麼巴菲特會在中國石油股價大幅上漲的時候選擇減少持股，因為「市場先生」的反面導向警醒著巴菲特：你現在應該脫手拋售。

如果聽股神的話

在二〇〇七年中國石油股價飆升的情況下，巴菲特對中國石油股份的減少持股決定，引起許多人的疑惑和不解，甚至有人表現出對巴菲特投資決策的質疑和諷刺，然而就在巴菲特全部清倉所有對中國石油持有的股份後，中國石油在股市中的形勢劇烈變化，證明這位年長、資深的投資大師的智慧和敏銳。

二〇〇七年十一月五日，中國石油的普通股在以每股四八・六〇元開盤後，第一天股票的周轉率就高達五一・五八％，使得普通股最後的收盤價僅為四三・九六元，次日中國石油的股票下跌約六％，並一直持續到一七％，此時公司普通股已經被套七成。直至二〇〇八年十一月，中國石油的股票收盤報收價已經僅為一〇・六三元，至此中國石油的股票已被全線套牢。

幾乎是在同一段時間裡，中國石油的煉油以及銷售業務也在大幅度縮水，公司的業務虧損已經超過八百億元人民幣，而公司的市場價值也縮水七億人民幣，同時公司的年利潤也下降七・七％。

無需多言，市場已經用事實證明巴菲特投資決策的正確性。出於對「市場先生」的隨時保持的謹慎和小心，巴菲特預見到中國石油的股票將會大幅下跌，於是果斷撤離，以保證自身的安全投資。

對於中國石油的後期走向及其股價下跌原因，巴菲特曾經這樣分析：

有很多像這樣很好的企業，其實我希望我買了更多，而且原本應該持有更久，石油企業利潤主要是依賴於油價，如果石油在三十美元一桶時，我們很樂觀；如果到了七十五美元，我不是說它就會下跌，但是我不像以前那麼自信。三十美元的時候是很有吸引力的價格，根據石油的價格，中國石油的收入在很大程度上，依賴於未來十年石油的價格走勢，我對此並不消極，但是三十美元一桶時我非常肯定（它是低估的），而到七十五美元一桶時我就抱持比較中性的態度，現在石油的價格已經超過七十五美元一桶。

我們都知道，巴菲特在他的投資決策和投資過程中，十分重視投資對象的安全邊際，這樣的投資理念也確實值得我們重視並學習。

在巴菲特看來，只有當生產成本低於銷售收入時，企業才能盈利，只有當產品的生產成本和銷售收入之間的差額達到一定的程度時，企業才能保證其盈利能力，投資才能保障其投資安全。

所以，當中國石油的股價巨幅上漲的時候，我們不該只看到股票市場裡的那一排排紅色的漂亮數字，而是應該更加敏銳謹慎地分析這些逐級攀升的數字背後實質的經濟含義，冷靜深入地剖析瞭解這樣的股票增長的經濟背景原因和商業推動力量所在，並以長遠發展的眼光看清現處的股市位置和現狀，最終能夠果斷有效地做出相對應的投資決策和投資計畫方案。

市場上有所謂專業的投資人，掌管著數以億萬計的資金，就是這些人造成市場的動盪。他們不研究企業下一步發展的方向，反而專門研究其他基金經理人下一步的動向。對他們來說，股票只是賭博交易的籌碼，就像大富翁裡的棋子一樣。

他們的做法發展到極致，就形成所謂的投資組合保險，一種在一九八六～一九八七年廣為基金經理人所接受的策略。這種策略只是像投資者停損單一樣，當投資組合或是類似指數期貨價格下跌時就必須處分持股，這種策略使得股市只要下跌到一定程度就湧出一大堆賣單。根據一份研究報告顯示：有高達六百億～九百億美元的股票投資，在一九八七年十月中面臨一觸即發的險境。

——一九八七年 巴菲特致股東的信

這就是許多投資者投而不中的盲點所在，他們都過分地把目光投注在其他投資者或是經理人的身上，進而忽略他們在股票市場中真正應該著重關注的——那些他們投資的股票價值背後的企業價值和企業未來。從根本上說，在股市中真正能夠決定股票價值的決定性因素，是這支股票的所有企業，企業效益好，則股票漲，企業效益差，則股票跌。這是一個再簡單不過的道理，然而卻通常被那些盲目追漲殺跌的投資者們本末倒置地忽視得一乾二淨。

價格適合時會再回來

二〇〇四年，巴菲特大舉入股中國市場，首戰就巨額購進中國石油二十三・三九億股，投資金額將近三十八億港元。直至二〇〇七年，巴菲特又以每股一四・五港元的價格，徹底清空波克夏公司所持有的所有中國石油股份，在將近四年對中國石油的股份持有時間中，巴菲特的投資獲利高達七倍。

對於此次在中國市場吸金不少的投資，巴菲特很滿意地說：「當年入股中國石油的價格為二〇美元（美國存託憑證價格，每份ＡＤＲ相當於一〇〇股中國石油國企股）出售價介於一六〇至二〇〇美元，總共獲利三十五・五億美元（約二七七億港元），相當可觀。」雖然巴菲特承認，「售股的時間可能早了一點」，但是並不代表他為自己的這次出售中國石油的持股而感到後悔或惋惜。同時他還表示，如果價格適合，中國石油股價大幅回落，他會再投資入股。

其實，在巴菲特的眼裡，投資股票就是投資企業，只要企業好，股票自然也不差，儘管經歷曲折的股市成長，但是只要企業管理得當、經營模式優良，最後股票會漸趨走高，企業也會越做越大。

買中國石油的決定較為直接了當，這是因為我們當時對該公司的內在價值估計在一千億美元左右，那個時候公司的市值只有三百五十億美元（二〇〇四年），所以根本不用精確到小數點三位你就知道中國石油實在是太便宜。二〇〇七年，油價漲到七十多美元桶，我們認為中國石油的價值大約在二千七百五十億美元，和其他石油公司相比，二千到三千億美元這個價錢不算低。既然中國石油不再被低估，於是我們就拋售。我們當時並不知道中國石油會有普通股上市，加上油價進一步上漲，後來中國石油在普通股上市後又上漲很多，並一度成為世界上市值最高的公司。他們做得真漂亮！現在中國石油股價跌下來，如果股價下跌的更多，我們以後還是有可能會再度買進中國石油。

由此我們可以看出，巴菲特仍舊看好中國市場和中國石油，此次的撤離只是因為中國石油的價格已經被股市炒得超過它本身的價值。在以石油為成本基礎的中國石油，其自身的生產成本就是隨著石油的價格變化而變化，這些靠經營石油相關產業的企業收益和績效，則是緊緊跟隨市場石油價格的變動而變動。

但眾所周知的是，世界市場的石油價格總是那麼地不確定，或突然走高，或迅速回跌，在這樣不確定因素導向型的產業，其成本控制就不由企業自己主導，對這樣的產業公司的投資更加需要謹慎。

以我個人的看法，投資成功不是靠晦澀難解的公式、電腦運算和股票行情板上股票上下的跳動。相反的，投資人想要成功，唯有憑藉著優異的商業判斷，同時避免自己的想法和行為受到容易煽動人心的市場情緒所影響，以我個人的經驗來說，要消除市場誘惑，最好的方法就是將「市場先生」理論銘記在心。

追隨葛拉漢的教誨，查理和我著眼的是投資組合本身的經營成果，以此來判斷投資是否成功，而不是它們每天或是每年的股價變化。短期內市場或許會忽略一家經營成功的企業，但是最後這些公司終將獲得市場的肯定。

一家成功的公司是否很快就被發現並不是重點，重要的是這家公司的內在價值能夠以穩定的速度增長，事實上越晚被發現有時候好處更多，因為我們就有更多的機會以便宜的價格買進它的股份。

當然，有時候市場也會高估一家企業的價值，在這種情況下，我們會考慮把股份出售。此外，有時候雖然公司股價合理甚至略微被低估，但是如果我們發現有被更低估的投資目標或是我們覺得比較熟悉瞭解的公司，我們也會考慮出售股份。

——一九八七年 巴菲特致股東的信

早在二十世紀八〇年代，隨時保持風險危機意識並且始終抱持成本節約原則的巴菲特就已經認識到公司內在價值的重要性，以及公司與市場價格其內在價值的關係。在這次對中國石油的投資過程中，這位偉大的投資界「股神」又一次成功地為我們上一課——**我們真正需要關注的是企業本身，而不是那些不穩定的、沒有決定性影響的市場和股市數值。**

從巴菲特身上我們可以看到：當你把握全局形勢、瞭解對方情形、認清自身能力，才能從許多沒有頭緒的資訊中，劃分出有利的投資因素和不利的投資阻礙，並在清醒的、多角度的全局觀的引導下，做出合理的、準確的投資決策和投資規劃，並在這樣切實可行的投資方案中有效地實施執行。

一第十二章一

致股東信裡的機密

Warren
Buffett

一年一度的致股東信密碼

從一九七七年開始，巴菲特就堅持寫信給其創立的波克夏・哈薩威公司的許多股東們。持續至今，巴菲特已經連續寫了四十年，他在信中都會向各股東匯報公司情況和企業經營方向，其中也不乏許多經營管理的哲學道理和理論思想，還有許多研究投資學和巴菲特的業界人士或專業研究者，都廣泛地收集巴菲特寫給股東的信，並分析其中的投資理念，最終整理成專業書籍以作為投資借鑑。

然而，作為一份屬於波克夏公司內部的、巴菲特寫給各位股東的信件，為什麼會受到如此多的業內人士以及許多投資者的關注和研究學習？這只是因為，寫信的人是巴菲特嗎？這一連串的信件存在著什麼樣的價值？

對於巴菲特寫給股東的信的分析和瞭解，我們可以從「是什麼、為什麼、有何用？」

這三個縱向的角度，在結合「對於波克夏公司本身、對於波克夏公司股東、對於關注投資人士」這三個橫向的角度來進行分析，然後獲知巴菲特這些書信的存在原因、研究意義以及流傳甚廣的價值所在。

這是一份關於波克夏公司的年報

眾所周知，巴菲特每年都會給波克夏公司的股東們寫信。在這些信件裡面，巴菲特會首先向各位股東匯報波克夏公司的一些情況：在這一年的生產、經營過程中的業績、績效評定、經營狀況及管理決策和未來規劃與發展前景。

這些信件中所涉及的內容就如同一份寄給公司股東們的公司年報，將企業各方面的資訊從整體企業發展的背景環境到個體企業盈利的優勢條件，都要傳遞到股東們和公司員工的手中，以此保證他們對企業現狀和未來前景的瞭解和預測。

透過這樣的交流，有利於資訊在整個企業中的充分流通傳播，使得企業內部能夠自上而下地瞭解到企業未來的發展方向並統一發展目標，在結合為整體的團隊一致中通力合作、協同互助，有效地提高企業的執行力和生產效率。

這是一座連接股東們和企業的橋樑

既然是充當年報的作用，為什麼巴菲特要選擇以信件的形式來代替公司年報以執行公司與股東之間的資訊交流？

在巴菲特看來：「我和查理・蒙格（波克夏・哈薩威公司副總裁）將我們的股東看作所有者和合夥人，而我們自己是經營合夥人。我們認為，公司本身並非資產的最終所有者，它僅僅是一個管道，將股東和公司資產聯繫起來，股東才是公司資產的真正所有者。」因此，作為公司的真正主人和經營者的合夥人，企業的盈利和巴菲特的收益都離不開這些股東們所提供的資金。

所以，以信件來代替年報，是出於對波克夏公司許多股東們的尊敬和重視。這樣的表現形式，既展現對公司股東的尊重也展現公司的人文情懷，使得公司股東在受到優質待遇和充分尊重的同時，也增加他們對其公司的信任感和認同感，進而更加保持對波克夏公司的長期持股和不斷增股，有利於公司和股東雙方的合作互惠、利益雙贏。

這是一條通往波克夏公司成功的大道

雖然是作為公司內部的年報信件，但是卻受到業界許多人士和投資者的關注，並且每年巴菲特寫給股東的信，我們都可以從各種傳播媒體等途徑直接快速地找到。試問：如果真的是作為公司的內部文件，為什麼又會在公眾社會裡廣泛流傳？

其實，這些信件不僅是波克夏公司聯絡股東感情的橋樑，更是外界公眾瞭解並走進波克夏公司的大道。透過這些信件，外界的公眾們能夠更多更全面地瞭解波克夏公司及其經營理念。透過這樣公開透明的公司經營管理方式和對公司股東的重視尊敬，波克夏公司成功地在投資和商業領域樹立良好的企業形象和公司信譽。

在這些信件的宣傳作用下，越來越多的投資者們紛紛瞭解並因為其良好的商譽而走進波克夏，使得波克夏公司能夠更多地吸引投資並擴大產業，進而有利於企業的成長和發展。

富有哲理的妙語

在一年一度的巴菲特寫給股東的信中，我們總是能夠看到很多經典的富有哲理的語句，這些語句或涉及經濟學或涉及管理學，在讀到這些連珠妙語時，我們不禁深深為其中所蘊含的智慧和哲思所折服。

巴菲特的投資看似簡單，實則複雜。巴菲特的每個投資決策看似目的簡單，但實則其中經歷的分析和思考的過程卻是極為複雜難解的。所以，許多業界人士和專業研究者們才會如此認真深入地分析瞭解巴菲特的投資案例和寫給股東的信，因為其中深含著各方面和各領域的哲理思維。

經濟學方面的哲理

如果你認為擁有部分美國股票是值得的，就去買指數型基金。對此我沒有任何異議，那就是你應該選擇的做法，除非你想給投資遊戲設一些懸念，並著手對企業做評估。如果你進入對企業做評估的領域，就應該下定決心要花時間和精力把事情做好。我認為投資多元化，從任何角度來說，都是犯下大錯。

如果要做到真正懂得生意，你懂的生意可能不會超過六個。如果你真的懂六個生意，那就是你所需要的所有多元化，我保證你會因此而賺很多錢。

把錢放在第七個生意上，而不是選擇投更多的錢於最好的生意，絕對是一個錯誤。很少有人會因為他們第七個好的生意而賺錢，很多人卻因為他們最棒的生意而發財。我認為，對任何一個擁有常規資金量的人而言，如果他們真的懂得所投資的生意，六個已經綽綽有餘。

根據經濟學的邊際效用遞減規律來理解巴菲特的這段話，就是：當投注的資金定量不變時，隨著買進的股票種類的增加，投資者從中獲取的每個單位投入的邊際回報是遞減的。例如：當你吃第一個漢堡時，會感到很美味，吃第二個時或許還能享受一下，但是到第三個時就會感覺飽了，到第四個就完全吃撐了，然後第五個第六個甚至是第七個，你認為你還會覺得漢堡美味嗎？——這就是邊際效用遞減規律。

所以，在巴菲特看來，投資目標只需要六個就好，透過邊際效用遞減規律，我們知道投資得越多，你的單位投資收益就會下降，通俗地說就是你的有限資金被許多投資項目均分後，實際的每個投資單位的資金變得更小，使得受到投資金額減少的影響的投資收入也隨之減少，最終導致整體投資收益減少。

管理學方面的哲理

在年度的股東會上，有人經常會問：「要是哪天你不幸被車撞到，該怎麼辦？」我們只能說，很慶幸他們還在問這樣的問題，而不是問：「要是哪天你不被車撞到，我們該怎麼辦？」

這樣的問題讓我們有機會談談近年來相當熱門的話題——公司治理，它分為三類。

首先是目前最普遍的一類。在這類公司的股權結構中，並沒有一個具有掌控能力的大股東。在這種情況下，我認為董事會的行為應該要像公司有一個因事未出席的大股東一樣，在各種情況下，都要確保這位虛擬大股東的長期利益不受到損害。然而很不幸的是，所謂的長期利益反而給董事會很大的彈性操作空間。

……

我認為董事的人數不必太多，最好在十個以內，同時大部分成員應該從外部遴選，而外部董事應該建立對CEO表現的評核制度，並且定期聚會，在CEO不在場的情況下，依據這些原則評斷其表現。

根據巴菲特在一九九三年致股東信中的這段話，我們可以看出，在管理董事會方面應該運用的管理學方法——管理制度化、原則明確化。所謂「沒有規矩，不成方圓」，任何一個管理體系都必須具有一個切實可行並能夠有效執行的制度原則。由於在「人管人」的管理形式下，企業或單位會存在一些涉及人情關係等不公平的問題，所以「法管人」將會越來越成為作為一個大型的現代化企業所必須具有的管理能力。

暗藏的寶貴投資經驗

縱觀巴菲特許多的投資經歷，其中都蘊含著深刻的投資哲學和市場理念，尤其是在他的四項經典投資案例：對可口可樂公司、華盛頓郵報公司、吉列公司以及蓋可保險公司的投資中，我們可以明顯地發現並學習巴菲特的投資理念。

投資瞭解的領域企業

保險業不像其他大部分的行業，所謂的產能只是心態上的非實質的，只要它認為適當，保險業者可以接下無限量的保單，這段期間只受到主管當局與工會評比的壓力，公司與主管當局在乎的是資本的適足性，越多的資本當然是越好，也代表可以簽下更多的保單，就算是標準的商品化企業，例如：鋼鐵或鋁業，要增加產能還要一定的前置期間，但是在保險業，資金卻是可以隨時取得，因此供給不足的情況立刻就會消失。

這就是目前實際發生的狀況，在去年總計有十五家業者大約募集三十億美元的資金，使得它們可以吃下所有可能的生意，而且資金募集的速度越來越快。照這樣下去，不用多久就會面臨殺價競爭的情況，然後獲利也會受到影響。

——一九八五年 巴菲特致股東的信

一九八五年的巴菲特就充分全面地瞭解保險業的行業特徵和發展條件，尤其是他對於流動資金的保留在保險業發展道路上重要影響性的預見。於是，在之後的發展中，保險業面臨產業因為保單遞延而帶來的虧損，就連受到巴菲特長期研究瞭解並保持持股的蓋可保險公司也是如此。

關注企業的經營理念

我們必須探究幾項影響企業獲利的重要因素。一般來說，如果企業處在產業供給過剩為一般商品化的產品時（在整體表現、外觀、售後服務都無差異化），就極有可能發生獲利警訊，如果價格或成本在某些情況下（透過政府立法干預、非法勾結或國際性聯合壟斷，例如：石油輸出國組織）能獲得控制或是可以稍微免除自由市場的競爭壓力。

如果成本與價格是由完全競爭市場來決定，產品供過於求，客戶又不在乎其所採用的產品或是通路服務是由誰提供，產業就會面臨悲慘的下場。

……

許多產業就是無法做到差異化，有些生產者或是可以因為具有成本優勢而表現傑出，然而實際上這種情況極少甚至根本不存在，所以對大部分銷售已經完全商品化的公司來說，不可避免的結局就是——持續的產能過剩無法控制價格下滑，導致獲利不佳。

因為有差異，才會有價值。許多企業的產品表現平凡，因為其無差異的產品和品牌，使得公司在市場競爭中處於劣勢並最終走向衰敗。然而，可口可樂公司以其獨特的口味和良好的口碑在市場競爭中取得優勢，於是公司的管理者就充分地發揮這個優勢，最終使得可口可樂成為聞名世界的品牌，進而長久地佔據市場額度並持續走高，我們不得不佩服巴菲特的眼光。

重視企業的財務盈利

今日我們面臨的不利因素主要有：目前的股票市場過熱，股價相對偏高；企業投資利益的稅負過高；企業被併購的價格偏高；波克夏三大主要投資事業（約佔公司淨值的一半）大都會美國廣播公司、蓋可保險公司與華盛頓郵報，個別的產業狀況或多或少不如以前，雖然這些公司有傑出的管理與強勢的資產，但是以目前的股價來看，它們向上成長的潛力有限。

作為投資企業盈利和發展的主要因素之一，被投資企業的產業狀況（即產業的銷售和盈餘收入），將會是這兩方企業都能夠盈利獲益的規劃目標。企業的成長與發展最終表現在企業的盈利效益上，企業的盈利能力取決於那些財務報表上的多方面的盈利率和盈利金額。

分析市場的價值影響

雖然我們在吉列特別股的投資還算成功，但是整體而言，這類協定談判所取得的特別股投資的績效還是略遜於從次級市場所取得的投資。

原因與當初設定價格的方式有關。次級市場經常受惠於群眾愚蠢的心理，總是會有一個重新設定的全新價格，不管價格是多麼離譜，都是代表該股票或債券持有人想要賣出的價格，無論何時總會有一小部分股東會有這種念頭。

因為受到市場群眾投資心理的影響，會直接影響到企業股票價格及其價值的確定，股市的波動是由市場的變化相對應的影響，選擇投資怎樣的企業，就要看這個企業在市場上如何接受或是利用群眾的投資心理。

如果要做到真正懂得生意，你懂的生意可能不會超過六個。如果你真的懂六個生意，那就是你所需要的所有多元化，我保證你會因此而賺很多錢。

把錢放在第七個生意上，而不是選擇投更多的錢於最好的生意，絕對是一個錯誤。很少有人會因為他們第七個好的生意而賺錢，很多人卻因為他們最棒的生意而發財。我認為，對任何一個擁有常規資金量的人而言，如果他們真的懂得所投資的生意，六個已經綽綽有餘。

一第十三章一

公開場合下的非公開暗示

Warren Buffett

金融危機調查聽證會

二〇一〇年六月二日，美國的金融危機調查委員會在紐約曼哈頓下城的New School藝術大學，召開一場以「信用評級的可靠性，基於這些評級的投資決定，以及金融危機」為名的金融危機調查聽證會。

此次的金融危機調查聽證會中，麥克・丹尼爾（信用評級機構穆迪公司的CEO）與巴菲特（作為穆迪公司的最大股東）一同出庭作證，共同討論關於「金融危機爆發最重要的原因」的看法、意見和態度。

對於此次世界金融危機和美國房地產泡沫化，美國參議院通過「金融監管改革法案」。此次的聽證會正是為了研討在二〇一〇年美國金融監管制度改革下的信用評級機構監管，並得出切實可行的實施方案。

在會議上，巴菲特始終聲稱：「二〇〇六年，我並沒有預計到房市泡沫會發展到那麼大，並且會破滅。如果我知道，我早就賣出我的股票。」

在此次聽證會後，巴菲特還為評級機構穆迪公司辯解：「投資者、政府和評級機構實在沒有從住房崩潰的事實中學到任何東西。相反的，繼這次災難之後，二〇〇四～二〇〇七年傳統住房市場再次重犯這個錯誤。放款人欣然發放貸款，借款人雖然沒有足夠收入償還借款，但是也高興地簽字承諾支付。」

同時，也為信用評級公司及與之相關的證券發行商辯護：「這是泡沫心理的一部分，該泡沫心理獲得的模型樣式，不僅僅是只使用評價機構，還有其他機構。」

此次金融危機聽證會的最後，美國金融危機調查委員會以及美國前財政部長史諾提出關於「評級機構是否需要改變商業模式」的問題，並建議應該由投資者支付評級機構的生產運作費用，而不是透過證券發行商負擔這些費用，進而經過這樣的改革和方式，以避免消費和股票市場的利益衝突。

巴菲特聽後，表示對此抱持反對意見，他表示：「我不知道誰會支付費用，反正我是不會的。」

巴菲特這樣堅決地表示是出於什麼樣的原因？美國堅持將此次經濟危機的責任過失歸於信用評級機構，又是事出何因？深入來看，這次的金融危機聽證會的實質就是美國政府和信用評級機構以及投資商之間針對經濟危機和房地產泡沫問題的一場「踢皮球」的較量。

首先，美國政府確信信用評級機構和證券發行商之間的暗中交涉和互通有無，並將之視為近年來經濟危機和房地產泡沫並導致股市崩潰的罪魁禍首，要求徹底貫徹所改革的美國金融監管制度。

此時，以巴菲特為首的信用評級機構和以穆迪公司為首的投資商統一戰線，反擊美國政府所制定的金融監管制度。

於是，此次紐約金融危機聽證會對於「評級機構是否需要改變商業模式」的問題，就先暫時告一段落。然而，關於美國監管制度問題的討論和爭議正要開始，並且愈演愈烈。

巴菲特在聽證會上，對於「由投資者支付評級機構的生產運作費用，而不經過證券發行商負擔這些費用」的建議的反對和辯論，表現他對美國監控制度的批判及美國監控能力的否定。

美國是一個資本主義國家，由於市場經濟的主體形勢以及自由和完全競爭市場的必然存在，使得美國的聯邦政府無法也不能組建一個可以統籌規劃並管理監控整個美國的經濟市場和股票市場的機構。

所以，對於這個資本盛行的自由市場，一個空有文字上的改革外殼，卻沒有實際的具有確切執行力，以及實施方案和體系的內在支撐作為推動力量，美國所謂監控制度的改革，只會是空喊口號而已，這也是巴菲特真正想要揭示的問題內涵之所在。

太陽谷峰會

太陽谷峰會（Sun Valley Conference），又稱為「超級夏令營」，創辦於一九八三年，於每年峰會的那五天，世界各地的商界領袖們紛紛聚集於此，進行演講與論壇交流和各種休閒娛樂活動。在這些看似避暑的消遣活動中，各企業的首腦們洽談合作、商談企業戰略、確定企業發展和投資方向，以及達成商業共識。然而，只是做到這些向各大企業提供商業活動和商業會晤的場所和服務，並不是太陽谷峰會成功的原因所在。太陽谷峰會的真正價值是對於峰會中任何資訊，包括與會賓客和峰會活動等機密名單和私密文件在內的絕對保密，不管是具有怎樣的社會影響力的傳媒，都不會接受這些媒體的採訪。

作為太陽谷峰會的常客，華倫・巴菲特經常在這裡發表演講。在這些演講中，包含著許多經典的投資哲理和對股票市場的深刻剖析，許多商界的領軍人物都曾經在巴菲特的演講中深受啟發。以下我們就來看看巴菲特在太陽谷峰會中的演講裡的一些經典片段，一同學習投資大師的投資哲學。

我現在要說股票價值分析，我不準備談論如何預測下個月或明年的股市走勢，價值分析並不等同於預測。短期來看，股票市場是投票機，但是長期看來它更像體重機。最終，體重機會勝出，但短期內會是由投票的籌碼左右。但是，其投票機制卻非常不民主。不幸的是，正如你們所知，它並沒有對投票資格進行認證。

在巴菲特看來，短期投資就是投機，像這樣盲目的投資行為，就是始終在追逐股市的波動而追漲殺跌，於是身處股市漩渦的那些期待快速獲利的投資者們，在投資股票和選擇股票上因為隨波逐流而絲毫不具有投資的主動權。正是這樣的投機性，使得那些短期投資者們總是要特別小心並隨時謹慎，因為很有可能在你不注意的時候，股市就會突然拖拽著他們所投資的股票而一跌到底。但是，對於那些真正的長期投資者，由於那些他們投注的股票是經過市場評析和長期檢驗的優良股，所以不管股市如何漲跌，長期投資的投資者們最終都會在往後的多年裡持續平穩地收穫利潤。

當你在投資時，是在延遲消費，把錢拿出來以期在將來收回。關於此只有兩個問題：一是能夠得到多少回報，二是何時得到。寓言作者伊索看起來是不精通財務，因為他說「二鳥在林，不如一鳥在手」，但是他並沒有說在「何時」情況應該如此。

市場的均衡，需要收入和支出達到等量平衡，才可以使市場和經濟穩定發展。當收入固定時，人們為了獲得更多收益，就會選擇以投資股票的方式來獲得高額利潤，於是在投資方面所佔金額比重不斷上升時，佔收入另一部分的消費金額比重則會隨之下降，就會導致在消費上的支出減少，也就是現金流存量減少，如果長久以往，當我們的資產都投注到股市之後，如果出現股市崩盤或是股票套牢，我們還會有足夠的現金支撐未來長期的生活發展嗎？

一個石油勘探者死後進入天堂，聖彼得對他說：「你符合所有的條件，但是這裡人以群分，石油勘探者的居住區已經滿了，我沒有地方提供給你。」商人問：「您不介意我說五個字吧！」「可以。」於是商人把手攏在嘴邊，大聲說：「地獄裡有油！」所有的石油勘探者都直接往下衝，地方被騰空了。聖彼得說：「好吧，現在這塊地方都是你的。」商人停了一會兒，說：「哦，不，我還是跟隨他們去地獄吧，畢竟空穴不來風。」

這就是大眾投資者群體中長期並穩定存在的盲目性，許多投資者只關注到「石油」——即投資股票的收益，卻偏偏忽略存有「石油」的「地獄」——即投資的股票背後的企業本身價值。當每個人都朝著眼前這支股票的暫時性收益利潤而蜂擁直衝時，卻正好在到達的時候也跌進這支股票背後的企業實際價值陷阱，或許這家企業會在短時間內呈現向上的發展態勢，但是股價並不可靠，虛假繁榮過後，那些企業的真正面目就會暴露出來。由於企業自身的價值不及其股票表現出來的價格，股價驟跌是勢在必行的，於是對於這些盲目隨從的投資者們，巴菲特只能感歎：「人們就是這樣來感知股票，人們很容易相信流言非虛。」

與比爾・蓋茲的慈善晚宴

二〇一〇年九月二十九日，「股神」華倫・巴菲特和「微軟之父」比爾・蓋茲一同抵達北京，出於對中國貧富差異大、貧富兩極人口眾多和「瞭解中國做慈善比較有經驗的人，對慈善問題的看法」等因素考慮，這兩位名列世界富豪榜前三名的企業家，此次來到中國並邀請五十位中國企業家來參加他們的私人聚會——兩位富豪的第一次慈善晚宴。

或許有人會問：一個是企業家一個是投資家，比爾・蓋茲和巴菲特怎麼都來做慈善？

巴菲特表示：「我的父親在我很小的時候就給我樹立榜樣，他一生都在捐贈。我的三個孩子都從事慈善，每人管理一個慈善基金會。他們每個基金會，我都捐贈十億美元」、「我想給子女的，是足以讓他們能夠一展抱負，而不是多到讓他們最後一事無成」。做慈善，不管是誰，或富裕或貧窮，只要有能力都應該學會回報社會和關愛別人。

在巴菲特接受福克斯電視新聞網的採訪時，曾經表示自己對於社會底層人民的關心和想要幫助他們的願望：

我認為這樣（將巨額財富全部留給子女）對社會不好，對孩子也不好，然而這並不是最重要的……我能得到現在所擁有的，在很大程度上是這個社會的結果，因為我出生在一個巨大的資本主義社會，而且時機適合。與我的付出相比，我得到的物質財富多到不成比例。但是有很多人和我一樣是良民，他們或是前往伊拉克戰場服役，或是在自己的社區中辛勤服務，但是都不像我一樣被「瘋狂」地回報，我已經擁有生命中想要的一切。只要想到巨額的回報不是回到社會而是僅給予少數幾個人，原因是這幾個人正是從我太太的肚子裡出來的，這個念頭會讓我發瘋。

出於個人的社會責任感和對社會的感恩回報，巴菲特決定給自己的孩子每人留一千萬美元作為遺產，剩下將近五百億美元的資產將全數捐給社會和慈善事業。不僅如此，巴菲特還努力勸說其他人也投身於這樣的公益並有利於社會和人民的事業，並於一九九八年就開始宣導「股東捐贈計畫」：

大約有九七・五%的有效股權參與一九九八年的股東指定捐贈計畫，捐出的款項總計約一六九〇萬美元。

累計過去十八年以來，波克夏總計已經依照股東意願捐贈高達一・三億美元的款項。除此之外，波克夏還透過旗下的子公司進行捐贈，這些慈善活動都是早在它們被我們併購以前就行之有年（先前的老闆本身自行負責的個人捐贈計畫除外）。整體來說，我們旗下的關係企業在一九九八年總計捐出一二五〇萬美元，其中包含二〇〇萬美元的等值物品。

不僅自身致力於對社會的回報和公益慈善事業，巴菲特還一路延伸至其名下的波克夏公司，以及這家公司和其子公司的許多股東們，努力呼籲並影響他們一同回饋社會和關注民生。於是，這樣的舉動使得巴菲特的捐款從個人的社會責任上升到整個企業的社會責任。

作為一家企業，盈利不是這個企業發展並壯大的主要和最終目的，獲取收益只能算是它成立並經營的方向目標中的一個分支。作為這個社會的生產和國家體制下的一個重要的組成部分，企業有要求並且也有條件承擔自身的社會責任以及履行企業的社會義務。「生於斯，長於斯」，整個社會和國家人民為企業的成長發展提供條件和動力，「還富於民」無論是出於古代的倫理道義還是現在的社會責任，都是一個成功的企業應該承擔的企業責任。

越是龐大的企業越是應該首先承擔這樣的社會責任，並且應該徹底地實施貫徹並落實這個原本應該履行的義務。

巴菲特和他的波克夏公司以及公司的股東們就做得很好，他們明確地提出捐贈慈善的方案和規劃，並且迅速持久地執行並遵守自己的諾言，這樣的企業家和公司在美國比比皆是，他們的這些慈善舉動也引得廣大民眾的大加讚許。

巴菲特午餐

二〇〇〇年，巴菲特開始拍賣「巴菲特午餐」，即拍賣與巴菲特在紐約的知名牛排店共進一次午餐的機會，並且在二〇〇三年將這樣的機會改為網上拍賣。

然而，想要和世人公認為「股神」的投資大師華倫・巴菲特共進午餐，絕對不是一件那麼簡單的事情。於是，我們看到「巴菲特午餐」從二〇〇〇年的二・五萬美元、二〇〇一年的一・八萬美元，到二〇〇四年的二五・二一萬美元，然後是二〇〇五年的三五・一一萬美元和二〇〇六年的六二・〇一萬美元，再到二〇〇八年的二一一萬美元和二〇一〇年的二六二・六萬美元，以及二〇一一年的二六二・六萬美元，從二〇〇四年開始，巴菲特的午餐拍賣價就逐年上升突增，從二十幾萬一路上升突破百萬。

雖然只是一餐午飯，而且在午餐期間還不能談論投資股票之類的話題，可是還是有許多能人和富人為這餐簡單而昂貴的午飯爭相購買。

從十一歲開始，巴菲特就涉足股市，在此後的投資生涯中幾乎常勝不敗，並且在創建波克夏・哈薩威公司之後，董事會及業界人士又送給巴菲特一個稱號「奧馬哈先知」，之所以這麼稱呼他，源於他每次的預言都神奇般地成真。

我們回顧巴菲特曾經的預言：

◆二〇〇七年，世界上幾乎所有人都在被金融危機困擾，但唯獨巴菲特依舊傲視群雄，原來早在二〇〇二年巴菲特致股東信中就預言金融衍生產品就是對賭，因此在金融危機中AIG公司即將倒閉。

◆巴菲特在一九九九年太陽谷峰會閉幕演說中，堅定地認為繼續投資網路並不是最好的選擇，這次預言的結果就是：網路股瞬間化作泡沫消失殆盡。

◆二十世紀九〇年代末期，吉列股價不幸慘遭大跌，但是所有股東都在拋售股票巴菲特也不為所動。吉列被巴菲特如此看好，只因為巴菲特瞭解吉列將有更廣闊的市場前景，之後吉列股價再度回升。

◆一九六三年十一月二十二日，美國總統約翰・甘迺迪遇刺身亡，美國運通隨之陷入有史以來最大的陰霾，巴菲特卻趁機購入美國運通公司，他幾度預言美國運通現在只是小虧損，當所有股東紛紛拋售美國運通他依然不為所動，最終正如美國運通像一艘穩健的航空母艦一樣迅速脫離困境後，巴菲特也因此再賺一筆。

◆巴菲特持有中國石油股票五年，直到二〇一〇年七月十二日，他開始減少持股中國石油。二〇一〇年七月十九日，巴菲特正式清倉中國石油，最初很多人嘲笑他賣得早了，只有巴菲特不以為意，結果在他賣出所有持股後，中國石油立刻轉升為跌並且套牢。

由此我們可以知道，正是這樣神奇的股市預見能力，使得巴菲特身後亦步亦趨跟著許多崇拜者。與巴菲特共進午餐，即使再昂貴也讓人意猶未盡，或許就是與巴菲特共進午餐的價值，因為共進午餐的對象是巴菲特，所以這餐飯吃得特別值錢。對於那些追隨和喜愛巴菲特的投資者們，能夠與偶像一同吃飯，也是一次極為難忘的經歷，這樣的機會多少錢都願意買，這就是巴菲特的魅力所致。

對於每次拍賣所得的資金，巴菲特都會將它們全部捐贈給舊金山的非營利組織和美國慈善機構格萊德基金會（Glide Foundation），這些善款將會全部妥善地用於資助那些貧困的民眾和無家可歸的人群提供食物和醫療幫助。

所以，即使只是出於想要和巴菲特共進午餐，但是能因此創下在慈善界的高額捐贈壯舉，這樣一舉兩得甚至是多得的機會，又有哪個富人和能人不會去珍惜爭搶？

拍賣獲得「巴菲特午餐」，不僅可以獲得與「股神」面對面學習的機會，同時還可以為社會做出慈善貢獻，進而樹立良好的個人和企業形象，並提高自身和公司的聲譽，對於那些僅一筆生意就淨賺幾百萬的企業家們又何樂而不為？

短期來看，股票市場是投票機，但是長期看來它更像體重機。最終，體重機會勝出，但短期內會是由投票的籌碼左右。但是，其投票機制卻非常不民主。不幸的是，正如你們所知，它並沒有對投票資格進行認證。

一第十四章一

賺錢是與生俱來的欲望

Warren
Buffett

父親的內部記分卡

《雪球》（The Snowball）——巴菲特傳記的作者艾莉斯．舒德，曾經這樣評價華倫．巴菲特：「他是一位真正不隨波逐流的獨行者，然而他不是刻意為之，他只是不在乎其他人的評價。」在她看來，巴菲特的所有投資決策從來都不會盲目跟從其他人，堅持獨立思考是巴菲特一貫的投資和決策的原則理念。

艾莉斯．舒德在《雪球》曾經這樣描述：「被他稱為『內部計分卡』的東西——在進行金融投資決策時，他骨子裡具有的堅韌——讓他避免搖擺不定。」由此可見，一向注重安全投資的巴菲特，在他的投資生涯中，「他的『內部計分卡』確保他不偏離安全邊際。」

可見，在巴菲特一直以來的投資理念中，「內部記分卡」是他在投資過程選擇中，對於投資對象的瞭解分析方面的一個很主要的環節。巴菲特曾經說：「人們行事的一大問題在於，他們是擁有『內部記分卡』還是『外部記分卡』。如果內部記分卡能令你感到滿意，它將非常有用。」

巴菲特的「內部記分卡」，就是忽視股市波動和股價漲跌等這些反映在外部的企業資訊，而重視企業內部本身的生產與銷售的數量和資金，以及企業在長期經營過程中的收益情況和未來的發展前景。

像這樣不拘泥於市場表面所反映的企業的股市業績和漲幅跌價，使得巴菲特能夠遠遠脫離其他投資者的情緒影響，進而完全從企業自身的內在價值出發，更加理性客觀地分析投資狀況，並做出正確的投資決策。

「內部記分卡」使得巴菲特做到獨立思考，但是這樣的獨立意識並非天生，能夠做到完全地獨立思考判斷和憑藉自己的能力達到目標的這種能力，與巴菲特的父親從小的教育密切相關。

巴菲特的父親霍華・巴菲特，是一位股票經紀人和美國國會議員。一九三一年，霍華・巴菲特創建證券經紀公司——巴菲特－福爾克公司。一九四二年，霍華・巴菲特當選為共和黨推選出來的美國國會議員。

由於受到霍華・巴菲特的影響，從小就在父親的證券經紀公司裡長大的巴菲特，在日漸耳濡目染中開始喜歡上股票和投資，並且在父親的指導教育下，具備極為豐富深刻的投資意識和投資知識。

在對於孩子的教育啟蒙方面，霍華・巴菲特十分地重視對獨立生活和獨立思考的能力和性格的培養。在巴菲特的家中，經常會出現有關於政治方面（可能是出於霍華・巴菲特是美國國會議員的原因）的激烈辯論，家中的每個人都會為堅持自己的觀點和意見而據理力爭。

對於巴菲特一家的獨立個性和能力，巴菲特的朋友曾經這樣描述：「他的姐妹和他一樣都是高智商的人，在他們用餐的時候，如果某個人表示要放棄某種政治觀點，立刻就會有人說『堅持你的立場』。」可見，霍華・巴菲特很成功地培養出三個個性和思維都十分獨立鮮明的兒女。

正是受到父親的言傳身教和從小的影響與培養，巴菲特能夠在一九九九年始終堅持自己的看法，不因為外界的吹捧而受到「網路股」的表面誘惑，理性地利用「內部記分卡」，即從內部價值出發結合未來發展潛能和趨勢來評判「網路股」的投資價值，在確定這樣的股票不值得投資後，毅然決然地棄之不顧。

儘管此時，許多人都開始質疑巴菲特的投資能力，並嘲笑他的投資觀念已經落伍，巴菲特卻充耳不聞，絲毫不在乎。於是，在網路泡沫破碎時，巴菲特卻因為自己獨立自主的分析決策和敏銳的市場遠見，依舊保持穩定高速的投資獲利。

「內部記分卡」讓巴菲特獨立思考，獨立思考正是一個成功的投資者和企業家必須具備的能力和品格。

對於一個人的能力和思維的培養，則是應該從小的時候開始，就以身作則地教育和引導。

數字狂熱，一切都用數字語言說話

一九三〇年八月三十日，華倫・巴菲特出生在美國內布拉斯加州的奧馬哈市。在經營關於證券經紀領域的公司的父親霍華・巴菲特的影響下，巴菲特很小的時候就對商業和投資以及股票產生很強烈的興趣和愛好，並且在日後的生活中更為明顯，「我對和數字與金錢相關的任何事情都非常感興趣。」

巴菲特在七歲的時候，因為一場高燒而送進醫院急診，那個時候的他，病情已經嚴重到幾乎快要死去。然而，儘管病情如此嚴重，可是身體極度虛弱的巴菲特，卻始終堅持每天拿著筆在紙上寫著各種各樣的數字。當被別人問起時，他就解釋這些數字就是他未來將會擁有的財富。他說：「現在我雖然沒有太多錢，但是總有一天我會很富有，我的照片也會出現在報紙上。」

可見，巴菲特從小就對數字和金錢有極為熱忱的喜愛，就連他對自己未來將會取得的成就，也要透過各種的數字來表現。

成本差價意識

早在六歲時，巴菲特就已經開始自己創業，並且具有初步的關於成本盈利方面的意識。「我以每箱二十五美分的價錢在爺爺的雜貨鋪購買可樂，然後以每瓶五美分的價錢在附近兜售。這種高利潤的零售方式，使我及時注意到非同尋常的消費者吸引力和這種產品的商機。」

那個時候，一箱可口可樂中有十二瓶，巴菲特用二十五美分買進，每瓶可口可樂的成本價約為二・一美分，巴菲特將這箱可口可樂拆開來分別零售，每瓶的銷售價格為五美分，其中存在於每瓶可口可樂中的成本價格和銷售價格之間的差價，就成為巴菲特此次販賣可口可樂的創業行為的投資收益利潤。

出於對數字和金錢的敏感和喜好，幼年時期的巴菲特就已經開始用數字來推進和支持自己的投資和商業行為，並且在之後的商業回報和利潤收益上，巴菲特已經能夠準確地利用數字來表達，可見他在數學方面的天賦和喜愛。

內在價值觀

當巴菲特成長到十歲時，持續販賣可口可樂以獲得利潤的巴菲特，此時發現購進成本與可口可樂一樣的百事可樂更有價值，因為儘管它們的銷售價格相同，但是由於百事可樂每罐所裝的容量是可口可樂的兩倍，所以巴菲特選擇投資銷售百事可樂。因為這個決定，巴菲特賺得更多的錢。

因為看到百事可樂相較於可口可樂更能受到顧客喜愛的原因所在——同樣的價錢，顧客卻可以買到比可口可樂多出一倍份量的百事可樂，即百事可樂本身所存在的產品內在價值比可口可樂更高。

正是以敏銳的數字感官發現產品和公司所具有的內在價值這個優勢，巴菲特透過充分地利用這樣的企業優勢，又一次成功並且收穫較之以前更為豐厚。

長期持股獲利

一九四二年四月，巴菲特初次涉足股票市場。這一年，年僅十一歲的巴菲特用僅有的一一四美元，買進城市服務（Cities Service）公司的股票，此時這家公司的股價為每股三八美元。然而，就在購買後不久，當這些股票上漲到每股四〇美元時，巴菲特很快地將所持股票都盡數拋售。

可是，之後城市服務公司的股票還在上漲，最終上升到每股二〇〇美元。錯失一個這麼好的繼續投資以獲得更多利潤回報的機會，巴菲特感到後悔不已。

經過這次的教訓，巴菲特學會用數字存量的方式來量化投資收益，並且在長期的持股中獲得穩定增長的回報利潤。

選擇不太討巧的觀點

「股神」巴菲特曾經這樣告誡那些初涉股市的投資者們：「如果你發現一個你瞭解的局勢，其中各種關係你都一清二楚，你就要行動，不管這種行動是符合常規還是反常的，也不管別人贊成還是反對。」

我們知道，巴菲特是一個獨立自主思考並且果斷自行決策的人。他對於自己和自己所做的決定都是抱持極大的自信，他為自己做出的決策負責任，同時也因為自己所做出的選擇而獲得收益。

於是，在這樣的獨立思考和自負盈虧的個體導向下，巴菲特從來都是自主決策，儘管在他的許多投資觀念中，會有一些並不太受到其他投資者的認可或理解的觀點，但是正如巴菲特所說：「我們不因為大人物或大多數人的認同而心安理得，也不因為他們的反對而擔心。」

在一九九九年的報告中，我曾經提到當時「我們經歷有史以來最慘烈的表現，不論是從絕對還是相對的角度來看」，我還說「我們比較重視相對的結果」，這個觀念從我在一九五六年成立第一個投資合夥事業時就已經成形。記得當天晚上，我與七位合夥人開會時，我給在場的每個人一張便條紙，上面列出一些「基本原則」，其中有一條是這樣寫的：「我們的成績到底好不好，要看整體股市表現而定。」一開始我們是以道瓊指數為標竿，後來改用接受度比較高的標準普爾500指數，兩者從一九五六年迄今的比較記錄列示在年報的首頁上，去年波克夏以五・七%的差距勝出。

有些人並不認同我們將重點擺在相對數字的做法，認為「相對績效並不保證就能獲利」，但是如果你抱持與查理和我本人一樣的觀點，預期標準普爾500指數長期的績效應該相當不錯，以長期而言，只要投資人的績效每年都能比它好一點，其結果自然也頗為可觀，就如同時思糖果那般，雖然一年四季營運波動很大（基本上每年夏天它都在虧錢），但是每年結算都獲利的公司，擁有它保證可以讓你躺著收錢。

——二〇〇一年 巴菲特致股東的信

透過以上的內容，我們可以瞭解到，在巴菲特的投資和經營管理的觀念中，企業盈利的相對業績遠遠比這家企業每年的業績要重要得多，儘管這樣的理念在許多投資者看來都不討好。

高收益不代表高成長，只有透過觀察企業每年相對於上一年企業績效的相對增長值，以這些數值的正負和數值大小，評定這家企業的成長能力和成長前景。

這樣的投資觀，使得巴菲特能夠有效地劃分那些每年都在持續增長的高收益企業，並且準確地測量出這些不斷成長的企業具體的產業增長能力。透過這樣的評定和標準，巴菲特將可以有效準確地篩選出那些具有高收益並且高成長能力的優秀企業，進而使得他的投資能夠得到更加穩定的收益保障。

「**從利潤產出的大小，我們可以衡量一個公司是否優秀，而不能判斷其是否卓越。**」所以，我們可以看到，有許多企業在其發展過程中，會遇到雖然佔有大部分而且穩定的市場額度，並且始終保持高收益的銷售業績和產業利潤，然而這些企業卻都像進入瓶頸期一樣，總是無法繼續做大做強。

這就是巴菲特獨特的投資分析法，當別人都在關注企業當前的收益能力時，巴菲特卻用他的長遠目光來審視企業的未來增長能力。

「別人贊成也好，反對也罷，都不應該成為你做對事或做錯事的理由。」因為，獨立思考才可以開闢和創造新的價值。

知道自己想要什麼

「股神」巴菲特的投資能力堪稱「神力」，我們從他的各種經典案例中就可以看出，作為分析師的傳奇人物，巴菲特不負眾望一次又一次地化腐朽為神奇，或是創造一次又一次的投資收益高峰。

股神巴菲特的賺錢神力讓熱衷投資的人羨慕不已，如何能得到這些神力的哪怕一點點？巴菲特的這些「神力」又是從何而來？答案很簡單，他只關注自己想要什麼。因為只有這樣，他才能心無旁騖、摒棄一切多餘事物的干擾，只朝著一個目標全力前進，最終得以成功。

巴菲特是如何關注「自己想要什麼」，又是如何將自己想要的努力付諸實現？

思維目的明確

巴菲特是一個實用現實主義者，他曾經說：「作為一個徹底的實用現實主義者，我只對現實感興趣，從來不會抱持任何幻想，尤其是對自己。」正是因為這樣冷靜、理性、務實的思維，才使得他能從整體直接面對問題本質，以現實為出發點，結合實際地去面臨並解決問題，進而使得解決方案始終保持切實的可行性。

當許多盲目跟風的投資家們在沒有經過仔細調查研究而在實際資料中瞭解透徹以確定這個項目是否盈利時，就開始有人因為存款利率太低，而想辦法投資獲利；因為股市不景氣，轉而開始炒郵票、炒外匯、炒期貨，甚至是炒房地產。

這些投資管道的風險都不見得比股市低，甚至可能這些管道的操作難度還比投資股市大，進而導致隨著網路泡沫的破碎，這些毫無投資目的的投機者們也跟著紛紛沉入「股底」。

然而，巴菲特卻始終保持明確的目標和現實理性的頭腦，才沒有隨波逐流而堅守傳統行業股票，進而使得巴菲特及其名下的公司總是能夠在各種的危機和風暴中，保持商業穩定和收益增長。

看準做不遲疑

絕大多數的投資者都習慣於分散投資，但巴菲特不是。在他看來，只有集中投資，長久持股，才能獲得永續收益。巴菲特在股市中的投注資金有六二〇億美元，這些股本都只集中在四十五支股票上。並且，在巴菲特的投資組合中，前十支股票的投注資金數額就佔他投資總量的九〇%。

對於這樣的投資理念，巴菲特經常引用棒球選手泰德·威廉斯的話來解釋：「要做一個好的打者，你必須有好球可打。」想要做好打擊者，好球就是目標，想要做一個成功的投資者，績優股就是投資目的，這就是巴菲特投資所想要的。

歷數巴菲特的投資歷程，幾乎他對每個項目的投資都是長久而持續的，巴菲特對於每支股票的投資持有時間，沒有少於八年的，「投資者應該考慮企業的長期發展，而不是股票市場的短期前景」，於是就在巴菲特對所持股份多年的累積發展中，巴菲特的投資收益也隨之成倍增加。

出於對投資目的——賺錢的準確確定，巴菲特在明確自己想要什麼後，就不再考慮其他因素和影響，只是耐心守著手中的那些股票們生長壯大。

不論是控制投資過程還是強化投資效果，其目的都是能夠有效達到投資目標，目標是整個投資實施的根本所在，所以在巴菲特看來，投資很簡單——正如「永遠不要問理髮師你是否需要理髮」一樣，**你必須明確：你想要什麼！**

巴菲特說：「我們不因為大人物或大多數人的認同而心安理得，也不因為他們的反對而擔心。」

一第十五章一

改變一切的堅定

Warren Buffett

重複、機械、專注的不可思議

如同一個機器生產流程一樣，巴菲特的投資決策過程簡單得可以稱得上是模式化、流程化、機械化。在巴菲特的投資世界裡，沒有複雜的股市預測和股票分析，只有重複的投資行為、機械的投資概念、專注的投資眼光。

儘管沒有那些看似複雜的投資分析和判斷過程，然而「大道至簡」，真正成功的投資家，其實不需要那些複雜和多餘的推理分析過程，投資大師巴菲特就是這樣身體力行地告訴我們。

重複投資

在巴菲特的投資理論裡，如果看好並選擇投資這家企業的股票，就絕對不會輕易放棄對這家企業和股票的投資。

「沒有任何時間適合將最優秀的企業賣出」，這是巴菲特一直以來秉承的投資準則，許多投資者都傾向於「不要把雞蛋都放在一個籃子裡」，以為這樣就可以規避投資所帶來的風險，然而資金的分散使得投資的收益甚微，投資前對投資對象的分析不深入和瞭解不透徹，使得投資的風險依然高度存在。

在巴菲特看來，對於投資就是要「把雞蛋放在一個籃子裡」。關於巴菲特的投資領域，是完全局限在自己瞭解的並且前景看好的高增長和高收益的企業，而且向來務實的巴菲特認為，只要是投資，所投資的股票和公司必須是自己能夠十分瞭解的領域內自己熟悉的具有發展空間和增長收益的優秀企業，那些他不熟悉的領域和前途莫測的企業，即使那些企業的市場價值被吹捧得很高，其股票價格飛漲得令人心動，巴菲特也堅守自己能力範圍絕對不動心。

所以，巴菲特的投資就是對於那些自己認定的企業和股票，進行長久的持續再投資，以期在重複的投資行為中增加股份持有，獲得長久收益。

機械分析

巴菲特的投資分析，就是分析企業和股票的內在價值。每一次投資，巴菲特都會習慣性地從企業的實際營業額和銷售增長量以及未來成長增量出發，評定分析這家自己瞭解熟悉的公司股票，進而提煉出這家公司的內在價值，對其進行大量的投資並長期持股和重複投資。

「**利用市場的愚蠢，進行有規律的投資。**」這就是巴菲特的投資方式，無論股市和股票如何千變萬化，投資的概念方式都是穩定不變的。因為市場的變化是短期的，而經濟的發展是長期的，短期的市場變化是不穩定的和表象的，無法準確從中推究出未來的市場再變化和股市的變化，長期的經濟發展是週期的和本質的，其發展趨勢將是未來整個市場和股市變化的方向指標，所以只要掌握經濟發展的規律性，並從中窺視到整個社會經濟和市場的發展週期，排除市場的影響而根據經濟發展的規律進行的投資行為，將會是準確而明智的。這樣的投資決策，才可以給投資者帶來真正並且持久的豐厚投資收益，甚至是極高的投資複利回報。

專注集中

在巴菲特的投資字典裡，從來沒有「多元化投資」這個詞語，巴菲特的投資組合從來都是專注集中的。自信於自己投資決策的巴菲特，只要看準某家企業或股票，就會大舉入股，專注分析、集中經營。

巴菲特的投資信條是集中投資，巴菲特的投資分析基礎則是專注於企業和股票的內在價值以及對其的投資成本。

因為巴菲特的投資對象和投資資金集中，所以其投資的回報收益也十分的優厚。由於巴菲特的投資分析專注明確，因此他的投資決策得以明智準確，進而使得巴菲特在決策之後能夠在長期的持股中大大獲益。

「不理會股市的漲跌，不擔心經濟的變化，不相信任何預測，不接受任何內幕消息，只注意兩點：買什麼股票，買入價格。」這就是巴菲特得以在其投資經歷中，始終保持成功的秘訣——專注集中地投資。

滾雪球：要看到坡和雪，然後不斷地滾

「巴菲特九歲那一年的冬天，他和他的妹妹在戶外的院子裡玩雪。

華倫用手接雪花。一開始是一次一片接著，他把這些少量的雪鏟到一起，開始堆雪球。雪球變大之後，華倫把它放到地上，雪球開始慢慢的滾動。華倫每推動一次雪球，雪球就會沾上更多的雪。華倫推著雪球滾過草坪，雪上加雪。很快的，華倫把雪球滾到院子旁邊。片刻猶豫之後，他繼續向前，滾動雪球穿過附近的街區。

從那裡開始，華倫一直朝前行進，他的眼光投向白雪皚皚的整個世界。」

——《雪球》艾莉斯．舒德

「股神」巴菲特從幼年起，就開始有意或無意地進行商業活動和賺錢，從幼年到少年時期，巴菲特兜售過口香糖、販賣過可口可樂、清掃過馬場票根、出售過高爾夫球、經營過農場、遞送過郵報、出租過勞斯萊斯轎車、做過彈球生意……

從巴菲特十一歲開始購買他此生第一支股票開始，他的這段輝煌成功的傳奇人生從此拉開帷幕。

巴菲特的一生，經歷無數經濟市場的起伏波動，然而那些他所做出的投資決策，大部分都是正確而且成功的。對於自己的成功和投資人生，巴菲特這樣總結：「人生就像滾雪球，重要的是發現很濕的雪和很長的坡。」

在巴菲特看來，**投資就像在滾雪球，需要很濕的雪——投資機會，和很長的坡——投資條件。**

雪要濕

在巴菲特看來，投資機會就是要看投資對象的發展前景和環境條件。一個好的企業不僅要先天的條件好，更要未來的增長趨勢好，只有這樣的企業才會有長足發展，才可以為投資者帶來不斷增長的收穫利益。

巴菲特的投資對象，必須具有：「你會想把自己的女兒嫁給他」的優秀管理經營團隊，以及具有「驚人獲利能力」的生產經營模式。只有具備這兩種優勢和能力，投資者才會在未來的長期投資中始終保持投資收益。

「我們的合夥基金存在的根本原因，就是要以高於平均水準的收益率複利增長，而且長期資本損失的風險比主要投資公司更低。」基於這樣的考慮，巴菲特在那些原本業績優秀的企業股票中，挑選出具有發展潛力的績優股，並利用複利的高收益性，透過長期持股來賺取豐厚的利潤，「複利有一點像從山上往下滾雪球。剛開始的時候雪球很小，但是往下滾的時間足夠長，而且雪球黏得適當緊，最後雪球會很大很大。」

坡要長

「你買的不是股票，你買的是一部分企業生意」，所以對於投資對象的選擇和確定，就是對自己將要經營的生意一樣，這就要求企業要像生意一樣，擁有較高的產品生產銷售收益和企業資本穩定，而且現金資金流充足和具有企業自身特有的「護城河」，並且擁有能夠支持企業長久獲利的安全邊際。

所謂坡要長，就是：「首先，現在這七家企業的真正價值遠高於其帳面淨值，同樣也遠高於波克夏帳列的投資成本；第二，因為經營這些事業並不需要太多的資金，所以這些公司利用所賺取的盈餘就足以支應本身業務的發展；第三，這些事業都由非常能幹的經理人在經營，他們兼具才華和精力與品格，將旗下事業經營得有聲有色。」如果能夠滿足這樣的條件，巴菲特將會毫不猶豫地買下這家企業的大量股票。

「要取得如此神奇的投資業績，還需要有其他關鍵因素的作用。一個因素是要擁有聰明才智讓自己活得非常長壽，另一個影響重大的因素是複利利率——非常微小的變化就會導致最終累計增值的巨大變化，而且也非常明顯的是：期限越長這種影響越大。」對於資本的「滾雪球」式增長，巴菲特不僅僅只看企業的條件和發展機會，還有一點就是長期持有以保證長久獲利，因為不管是出於企業的長足發展，還是想從複利中獲得利潤，只有保持長期的投資持股才能回收預期的可觀回報。

「不理會股市的漲跌，不擔心經濟的變化，不相信任何預測，不接受任何內幕消息，只注意兩點：買什麼股票，買入價格。」這就是巴菲特得以在其投資經歷中，始終保持成功的秘訣——專注集中地投資。

一第十六章一

最應該投資的領域

Warren Buffett

知識，無論如何要讀書

在巴菲特的投資生涯中，這位「奧馬哈聖人」的投資理念深受班傑明・葛拉漢和菲利普・費雪的影響，巴菲特曾經自稱：「我的投資原理是『八五％的葛拉漢，一五％的費雪』。」班傑明・葛拉漢所著的《聰明的投資者》和菲利普・費雪的專著《保守者的投資》以及其《普通股與不普通的利潤》這三部書，給予巴菲特的投資思想和投資方法。

巴菲特曾經這樣解釋自己的投資過程：「我的工作是閱讀。」可見，讀書對巴菲特一生的影響之大。假如巴菲特不熱愛讀書，也從來沒有大量並廣泛地涉獵各類書籍，在這個世界上就不會有「股神」巴菲特的存在。

對於投資的方法和法寶，巴菲特曾經表示：「學習投資很簡單，只要願意讀書就可以。」可見，任何能力都不是憑空擁有的，這些能力都是經過無數努力得來的，能力的取得需要建立在知識基礎上。

華倫・巴菲特的兒子彼得・巴菲特曾經這樣描述：「在我童年時，父親大多數時候都是在家裡工作，他會長時間待在書房裡研究大量深奧的書籍。後來我才知道，他讀的是《價值線》和《穆迪投資》——數以千計的公司及其股票的統計分析等內容。他在研究那些內容的時候，可以輕鬆達到類似猶太祭師研究卡巴拉聖典或是佛教僧人深思禪經那樣的境界。」從這些著作中，巴菲特累積那些經典而基礎的投資概念，透過這些理論的累積，巴菲特得到更多的提升，更有利於往後的投資決策。

巴菲特十分重視閱讀，他向那些想要進入股票市場的人推薦：班傑明・葛拉漢的《證券分析》和《聰明的投資者》、菲利普・費雪的《怎樣選擇成長股》、《巴菲特致股東的信：股份公司教程》以及傑克・威爾許的《傑克・威爾許自傳》和《贏》，他平時特別喜歡閱讀傳記、年報和諮詢方面的文章。

讀書是為了學習和創新，我們閱讀專業書籍，是為了掌握並強化技能，而閱讀傳記，正是從這些偉人的生活和經歷中，累積經驗、吸收教訓、受到啟發、開發能力並不斷創新。

「你可以選擇一些儘管你對其財務狀況並非十分瞭解但是你對其產品非常熟悉的公司，

然後找到這家公司的大量年報，以及最近五到十年之間所有關於這家公司的文章，深入鑽研，讓你自己沉浸於其中。」在閱讀年報的過程中，巴菲特將這些年報中的資料結合自己的調查研究，然後從中分析出這家公司的實際能力和未來潛力，進而根據這些客觀理性的分析做出投資決策。

我會提前拿到《每日賽訊》，找出每匹馬跑贏比賽的可能性。然後，我把表示機率的百分比和獨贏賠率相比較。但是，我先不看獨贏賠率，以免自己先入為主產生偏見。有時候，你會發現一匹馬勝出的獨贏賠率出現偏差，偏離實際的可能性。例如：你認為一匹馬有一〇%的勝利機會，但是其實牠成功的機會只有不到二%。賽馬場的複雜和心機越少，你的形勢就會越好……當我還是一個小孩的時候，我就像瘋子一樣研究《每日賽訊》。

巴菲特敏銳的分析能力和準確地機率推測，正是從這些諮詢的研究中鍛鍊出來的。

除了上述之外，讀書對於投資的重要意義，巴菲特的金牌搭檔查理·蒙格曾經表示：「我認為我和巴菲特從一些非常優秀的財經書籍和雜誌中，學習到的東西比其他管道還要更多。與此同時，沒有大量的廣泛閱讀，你根本不可能成為一個真正的成功投資者。」

時間，開始的越早越好

有一句俗話，叫做：「先下手為強，後下手遭殃。」從中我們可以知道，無論是做什麼，時間開始的越早越好。這種概念，在巴菲特的身上表現的更為明顯。

首先，在知識方面，巴菲特從小就在經營證券經紀公司的父親那裡，經過耳濡目染的薰陶和完整齊全的閱讀，小小年紀就已經累積很多股票和股市的相關知識，並且在對這些知識的理解與分析思考中，巴菲特逐漸確立一套較為完整和科學的投資理論體系，並逐步在往後的閱讀中進一步完備，而且從這些以往的投資理論中，總結出並形成具有自己特色與符合自己投資要求和目的的投資概念與觀點。

其次，在能力方面，巴菲特並不只是一味地看書，只從書籍中獲得關於股票和投資的知識，而是在他父親的高度重視和有意識的培養以及自己從小的實踐訓練中，學習獲得並鞏固提升。巴菲特對於股票的分析能力，是在他從小就對各類書籍和報刊中的資料所進行的思考分析中培養出來的，並且在日後的長期從事股票事業中逐步鞏固提升。他對於市場和經濟、股票和股價的未來發展預測以及評估能力，是在他父親從小的重視培養和環境影響帶動中形成的，在具有十分獨立自主的思想和觀念的家庭環境和行事態度中，巴菲特很快就形成獨立思考的分析態度和自主決策的行事作風。

然後，在實踐方面，巴菲特從小就開始從事各種各樣的商業行為和經濟活動，並且從這些實際的活動和實踐中，他不僅學到更為直接的實戰性知識，而且還接受更廣泛更豐富的商業詳細資訊和諮詢，進而在這些自己的親身經歷中，形成並更加完善自己獨有的一套投資理念和投資策略，培養並不斷提升自己的各項關於資訊調查與收集和篩選的能力，以及進行投資分析與制定投資計畫和確立投資決策的投資過程和方法控制的能力。

最後，在投資方面，巴菲特是希望：時間開始的越早越好。由於他的投資向來是以長期經營模式為主，因此對於那些初始價格便宜的股票，如果投資得越早，在未來的獲益中，投資收入與投資成本的差額就會越大，進而投資的最終利潤就會越大，這一點我們可以在巴菲特一九九三年寫給股東的信中看到：

一九一九年，可口可樂股票以每股四〇美元公開上市，到了一九二〇年，由於市場對可口可樂的前景相當不看好，以致股價下跌一半至一九・五美元。然而時至今日，一九九三年底，如果當時將收到的股利再重複投資下去，當初股票的價值將會變成二一〇萬美元。就像葛拉漢所說：「短期而言，市場是投票機器，投資人無需靠智慧或情緒控制，只要有錢就可以登記參加投票，但是以長期而言，股市卻是一個體重計。」

市場的愚蠢是投資的機會

在自由經濟和資本市場中，有太多的一夜暴富公司或是瞬間倒閉的企業，不管曾經如何輝煌，也不論成績如何傲人，在完全競爭市場中，任何的公司企業都面臨無數或大或小的危機，在這個市場中，幾乎人人自危。

於是，當認識到「市場先生」看似掌控一切而無所不能的威力後，各企業家和投資者都紛紛開始對市場股票的研究，並妄圖在股市的追漲殺跌中謀得微薄的收益，然而如此深入的研究和亦步亦趨的緊緊跟隨，仍然無法擺脫這位喜怒無常的「市場先生」突然帶來的災難。

對於市場，在巴菲特看來，**只信任自己所投資的企業和自己做出的決定**。面對市場環境的快速變化，巴菲特從來都是以不變應萬變，他不會跟隨市場的改變而改變自己的決策，而是利用一切可能的資源和優勢，以改變或是為自己的發展創造環境和機會。正如班傑明・葛拉漢所說：「一個真正的投資家極少被迫出售其股票，而且他們擁有在任何時候都能對當時的市場情況置之不理的自由。」

以華爾街為例，巴菲特曾經說：「身處華爾街的缺點就是：在任何一個市場環境下，華爾街的情況都太極端了，你會被過度刺激，好像被逼著每天都要去做些什麼。」所以，在「華爾街」身先士卒的帶領下，許多投資者對於「市場先生」的神經症狀開始盲目又不理性的「股票保衛戰」，可是最後卻紛紛英勇就義而無力回天。

只要我們深究華爾街的各種行為，就會發現其實這些走在投資和金融前端的領頭者，是在利用投資者不夠理性的情緒和獨立思考能力的缺乏，以達到自己的最終獲益。所謂「股市猛於虎」，究其原因是在於那些金融巨頭及其利益集團們，在利用投資者們對權威的信任和股市的不瞭解，然後用他們的投資行為和投資利益來支持商業集團和金融體系，再加上一些背後投資財團的資本運作，最後達到他們自己的目的。所以「投資需謹慎」，不要被所謂的表象所迷惑，進而失去自己的判斷和原則。

對於市場的變化，巴菲特在寫給股東的信中是這樣分析的：

但是，就像舞會中的灰姑娘一樣，你必須注意仙女的警告或是任何將會變成南瓜和老鼠的東西：市場先生是來侍候你的，不是來指導你的。對你有用的是他的錢包，而不是他的智慧。如果他某一天帶著特別愚蠢的情緒出現，你可以自由選擇給他白眼還是利用他，但是如果你被他的情緒影響，將會是災難性的。

巴菲特的投資戰略就是：**相信並堅持自己的投資決策，長期並重複地持股投資，在眾人恐慌中低價狂購，在股價大漲時坐等收益。**巴菲特不會受到「市場先生」任何情緒影響，而是始終保持冷靜理性的思維，堅守從客觀實際的角度來觀察檢測企業的內在價值和未來前景，在充分發揮個人積極性的基礎上，找出並利用市場的特點和缺口，從中經由「市場先生」的威力來影響和控制股市裡盲目投資人的感情和思維。

正是利用遊走於這一連串的市場環境和經濟現狀中，巴菲特為自己創造最好的投資和發展的環境機會，進而在眾人的恐慌中不斷獲得收益。

在市場中的投資選擇和投資決策，就像在和市場博奕一樣，「**事實上，如果你不敢確定你理解和評價企業的能力比市場先生強得多，你就不配玩這個遊戲。就像玩牌的人所說：『如果你玩了三十分鐘還不知道誰是傻瓜，你就是傻瓜。』**」

因此，市場越是不穩定，就會越有投資的機會，當市場開始極度變化時，適合投資的領域就會逐漸浮現出來，只有在惡劣的市場環境中，能夠遇到困難和危機而依舊經得起考驗和風險的企業，才是真正值得投資的對象。因此，當「市場先生」情緒不穩定時，投資者更應該保持冷靜理性的頭腦，辨識出那些真正具有實力和發展潛力的績優股，進而在這個絕佳的投資機會中一舉成功。

「**利用市場的愚蠢，進行有規律的投資。**」這就是巴菲特的投資信條，他告誡我們，不論市場如何的「不正常」，我們都必須要保持理性的判斷力，然後忽視這些毫無意義的市場情緒，因為這些情緒通常也是難有根據並無從推究的。我們只要堅守自己的能力範圍，維持自己正確的投資原則，在不穩定的變化中尋找始終保持穩健發展的投資對象和行業領域，然後大舉投資和長久持股，以期和這些績優股們互助共贏，最後你所能做的只是力圖持久獲益：「**你不可能靠著市場的風向標致富。實際上你要記住，不要試圖瞭解市場在做什麼，這是不可能的，你只需要瞭解你理解的行業，並全神貫注就夠了。**」

後記：股神也是人

透過這本書，我們領會到「股神」巴菲特的神力所在，在為其精妙的投資理論所折服的同時，我們更應該進行一番深入思考，而不是一味死板跟隨，甚至複製或模仿巴菲特的投資方法和投資行為。

人類永遠在不斷的追逐財富，尋求寶貴的經驗，不斷表現自己的能力。但是，究竟如何才能真正克服自己的貪婪，挑戰自己的極限？究竟如何才能夠面對誘惑而不動搖，面對困難而不退後，堅持自己的信念，掌握自己的訣竅？在這個方面，巴菲特不僅是我們津津樂道的傳奇人物，更可以是我們的事業和人生導師。

透過這本書，我們能看到巴菲特自我信念的卓越，他如果認定某支股票，如果看好某家公司，就不會再去懷疑自身的判斷。

透過這本書，我們能看到巴菲特敏銳分析的能力，他能夠撥開市場的迷霧，找到探索的小徑，獨自遠離喧囂的群眾，從僻靜的小徑衝上成功的山頂。

透過這本書，我們還能看到巴菲特堅忍不拔的毅力，他能夠十幾年如一日的手握某支股票毫不動搖，無論其中風雲變幻局勢險惡，他卻巍然不動，從來不會懷疑自己的「價值投資」理念。

其實，巴菲特並不神奇，神奇的是他的理念。股神也是人，既然是人就不可能完美，是人就會有缺陷和失誤，當然巴菲特也不會例外：

一九六四年，巴菲特斥資一千三百萬美元購買美國運通五％的股份所有權，然而卻將其以僅僅二千萬美元的價格轉手賣出，如果巴菲特選擇長期持有，如今他將會持有價值二十億美元的美國運通股票。

一九六五年，巴菲特買下波克夏・哈薩威紡織公司，結果僅僅經營二十年後，紡織工廠就因為海外競爭的壓力而被迫關閉。

一九八九年，巴菲特投下鉅資三億五千八百萬美元，用以購買美國航空公司的優先股，然而隨著航空業日漸衰微，在這樣不景氣的行業中，巴菲特的投資再度失敗。

在二〇一二年的致股東信中，巴菲特承認自己犯了「非受迫性失誤」（網球比賽術語，指選手因自己的失誤而與對手無關，使得回球觸網或出界）：

過去幾年，我花了二十億美元購買Energy Future Holdings發行的多種債券，後者為德州的部分地區提供服務的電力營運商。這是一個錯誤——巨大的錯誤。從大的方面衡量，這家公司的前景與天然氣價格的前景結合在一起，而後者在我們購買後大幅下跌並一直在低谷徘徊。儘管自從購買以後我們每年收到大約一．〇二億美元的利息支付，但是除非天然氣價格大幅上升，否則這家公司的支付能力將會很快耗盡……無論結果如何，在我購買債券的時候算錯收益損失機率。在網球術語中，這是你們的主席一次非常重大的非受迫性失誤。

在信中，巴菲特還承認自己其他四大錯誤：其一，對於房地產市場的復甦過早地樂觀；其二，未聽取副總裁查理的反對意見而犯了資本分配的錯誤，導致收購決策失誤；其三，高價持有康菲石油股份的投資失誤；其四，依舊相信紡織業能夠有利潤和收益的增長與擴大。

可見，即使是「股神」也會犯錯，而對於自己的決策失誤，巴菲特則是坦誠而認真地承認，並且在日後的投資生涯中，儘量不再讓這類的投資錯誤重複出現。正如巴菲特正式投身於投資領域時，由於十分崇拜和學習班傑明．葛拉漢，巴菲特秉承「價格越低越好」的投資方法，購買價格十分便宜的瓦貝克．米爾斯（Waumbec Mills）紡織廠，結果可能是「便宜沒好貨」，自從巴菲特購進以來，瓦貝克．米爾斯紡織廠就問題重重。為此，巴菲特在一九七九年的寫給股東的信中這樣反思：

雖然我們的紡織事業仍然持續不斷地有現金流入，但與過去所投入的資金實在是不成正比，這並非經理人的過錯，主要是產業環境使然。在某些產業，例如：地方電視台，只要少數的有形資產就能賺取大量的盈餘，而這行的資產售價也很高，帳面為一元的東西可以喊到十元，反映出其驚人獲利能力的身價，雖然價格有些嚇人，但是可能反而比較好賣。

在經過多次慘痛的教訓之後，我們得到的結論是：所謂有「轉機」的公司，最後很少有成功的案例，所以與其把時間與精力花在購買廉價的爛公司上，還不如以合理的價格投資一些體質好的企業。

可見，一味地模仿和機械地複製其他人的投資理念和投資方法都是不可取的，巴菲特提倡的是「獨立思考」，他認為：

不代表不受歡迎或注意的股票或企業就是好的投資目標，反向操作有可能與從眾心理一樣愚蠢，真正重要的是獨立思考而不是投票表決，不幸的是伯特蘭・羅素（二十世紀英國哲學家、數學家）對於人性的觀察同樣也適用於財務投資上：「大多數的人寧願死亡也不願意去思考！」

這告訴我們，只有獨立思考，從自身的切實環境和條件出發，才能真正做出理性而正確的投資決策，「**成功的投資在本質上是內在的獨立自主的結果**」，方法可以有很多種，然而思想理念卻是穩定不變的，而我們學習巴菲特，正是要學習他的投資思想和分析思維，學習他的先進而卓越的理念。

透過這本書，希望你能一窺巴菲特投資理念之道，並從此開始轉換自己投資的思維，走向成功的道路。這正是筆者深深期望並予以共勉的寫作動機所在。

附錄一：巴菲特二〇一二年的五大預言

二〇一二年十一月十四日，美國CNBC（Consumer News and Business Channel，消費者新聞與財經頻道）採訪「奧馬哈先知」華倫・巴菲特。在專訪中，巴菲特針對二〇一二年又進行預言，讓我們再一次學習「股神」的財富經。

世界趨勢：世界充滿不確定性，我將繼續持有優秀企業的股份

問：「你是如何處理不確定性？你是忽略所有的不確定性，還是你會想辦法處理這些不確定性並做出投資決策？」

巴菲特回答：「世界總是不確定的。一九四一年十二月六日，世界是不確定的，我們當時並不知道第二天太平洋戰爭會發生。一九八七年十月十八日，世界是不確定的，我們當時並不知道第二天股市會一天暴跌五〇八點，跌幅高達二二・六%。世界總是不確定的，充滿

不確定性。

如果在美國奧馬哈當地擁有一家好企業，你聽到有人說義大利出現大問題，第二天你會因此賣掉你的企業嗎？但是出於某種原因，人們會認為，如果他們持有一家優秀的企業，不是直接持有，而是透過持有股票而間接持有，他們應該每五分鐘就做出新投資決策。我想，即使聯準會主席柏南克來見我，在我耳邊小聲告訴我，他們將會做這件事情或那件事情，我也根本不會改變我對自己想要買入股票的公司的看法。我將會持有這些公司的股票很多年，就像我持有一家農場或是持有一間房子一樣。將來絕對會出現各種各樣的大事件，絕對會有各種各樣的不確定性，最終真正重要的是你持有的公司、農場、房子未來這些年表現如何，我無法確定買入和賣出的具體時間。」

股票市場：股市總是過度反應，我會保持理性，低價買入優秀企業

問：「你不會關注每天或每週或每月的股市波動，但是市場的波動性在增強。不久之前，你曾經說過，市場總是充滿不確定性，但是這種不確定性似乎在公眾和投資者中引起很大反應。你認為這種不確定性已經結束，或是說，我們現在非常擔憂的頭條新聞報導的：歐洲出現重大風險，使我們進入一個有所不同的新時期？」

巴菲特回答：「除非我正在使用財務槓桿，否則我根本不會擔憂頭條新聞報導的風險。我的意思是，如果我自己擁有一家企業，例如：我擁有鎮上最好的一家餐館，我會擔憂明天的頭條新聞說什麼嗎？

持有一家大公司的股份也是同樣的道理。我根本不知道將來股市會上漲還是會下跌，其他人也根本不知道。忘掉股市吧！我根本不知道明天農場的市場價格會漲還是會跌，但是我確實知道，如果是一家好農場，一個誠實勤勞的農夫經營一家農場，未來的收成絕對會有所提高。你只要擁有誠實能幹的人管理好資產就可以。全部擁有這樣優秀的公司非常好，只是持有這樣優秀公司的一小部分股票也非常好，但是不要支付過高的買入價格，價格的波動性對你來說反而是好事。

如果價格在某一年在X美元和三倍的X美元之間波動，我只要在市場低迷價格蕭條時買入農場，絕對會賺到很多錢，但是農場的價格並不會這樣大幅波動。股票市場總是會過度反應，這也是為什麼一個人如果能夠保持理性，就可以在股市上賺到很多錢，變得非常富有的原因。」

銀行投資：不管未來怎樣，好公司將會為你長久地創造巨大財富

問：「將來某個時間點上，你是否會進一步加大對銀行股的投資？就像你不久之前投資美國銀行一樣。」

巴菲特回答：「是的。第三季、第二季、第一季，我都在不斷買入富國銀行。二十年前，我也買入富國銀行。如果我發現一家好公司，就像我自己擁有一家麥當勞速食店，我已經擁有四〇％的股份，如果有人想賣給我其他一〇％的股份，價格很吸引人，我將會再買入一〇％的股份，我根本不擔心報紙上的頭條新聞說什麼。未來十年到二十年，我將會一直持有這些好公司。未來將會有各種各樣的好消息，未來也將會有各種各樣的壞消息，但是好公司將會持續為你創造巨大的財富。」

投資風格：比較來看，儘管股市走跌但是優質大盤股依舊會收益頗豐

問：「IBM也是一支道瓊指數成分股，你已經大量買入幾支道瓊指數成分股，這是不是你的投資風格發生變化的另一種表現？」

巴菲特回答：「是的，但是這也意味著，與其他投資選擇相比，一些規模非常大和實力非常強的美國公司的股價看起來非常便宜。我想說，最終你的目標是口袋裡裝滿賺來的錢。

你把現金裝在口袋裡，你一分錢也賺不到。你把錢投到貨幣市場基金上，你也是一分錢也賺不到。你買入十年期國債，只能每年賺到二%。如果你買入的美國公司淨資產收益率很高，投入資本收益率很高，正在快速回購公司的股份，進而會使現有股東的持股比例明顯增加，你會賺到很多錢。我喜歡所有這些特點。現在你可以將一個公司和另一個公司進行比較，但是最終你必須做出行動，什麼都不做也是一種行動。」

歐債危機：與美國金融危機時的政府支援不同，其解決需要更長時間

問：「對於歐債危機的看法？」

巴菲特回答：「看到歐債危機事件取得的進展，我感到高興。到那個時候，歐洲會發現他們有一個最大的基礎性缺陷，那就是他們不能印製貨幣。當人們喪失信心時，就會形成一種擠兌風潮，在某種程度上對於主權債務和銀行來說這種情況都曾經發生。二〇〇八年，美國出現債務危機，運用美國所有的力量，採取一些力度極大的措施才解決。

解決債務危機，需要政府具有能夠做需要做的事情的能力，相信政府將會做任何需要做的事情的信心。正是我們相信這一點，才讓我們度過危機。但是我們目前並不清楚，在歐洲誰能夠說『我們將會做任何需要我們做的事情』，以及是否具有做任何解決債務危機需要做

的事情的能力。誰能夠做，他們將會做什麼，這一點需要變得更加清楚，他們既需要願望又需要能力。

我們已經一次又一次地見證到，市場比任何力量都更加強大。過去銀行遇到擠兌風潮時，它們經常採取的辦法是：銀行職員開始慢慢兌付現金，同時在櫃檯上堆滿黃金。但是現在我們實際上是用電子方式來操作的，但是如果不再進行債務延期，就會出現擠兌風潮。你知道，在義大利每個月都會有幾百億歐元債務到期，你不需要考慮任何新增的債務，但是你必須小心考慮延遲還債的後果。

想要終止一場擠兌風潮，需要非常強硬的措施。這需要民眾有一種信心，一種非常廣泛的信心，相信執政者為了終止債務危機，將會做任何需要做的事情，而且有能力去做任何需要做的事情。我們相信聯準會主席柏南克、美國財政部長鮑爾森、美國總統歐巴馬在二〇〇八年九月所說的話，儘管當時對這個問題還有疑問，但是在歐洲沒有類似權威人物。想要讓十七個歐盟國家的領導人一致同意第二年進行改革，絕對不是一件容易的事情。

由於人們更加擔憂，德國和其他國家甚至和法國的分歧越來越大，解決歐債危機需要更長的時間。人們根據情緒做出反應，但是在這種情況下情緒變成現實。歐洲正在做出行動，歐洲具有所有各種力量，歐盟不會分裂。

歐洲的銀行正在失去美國的資金支持，因此它們正在拋售美元資產。我們已經認為美國的銀行規模太大和員工人數太多，但是歐洲的銀行相對於本國經濟而言規模更加龐大，而且非常依賴於批發業務進行融資，然而批發業務融資並不是敏感的。美國的貨幣市場基金在歐洲的銀行有規模很大的投資，現在卻在撤出資金。歐洲的銀行需要更多的資本支援，越早得到越好。

假設歐洲的銀行股價是X，它們願意以只有八成或九成的價格，發行更多新股融資嗎？美國的銀行是被迫這樣做的，儘管銀行並不願意。銀行自己無法融資，政府就說：要麼你自己融資，每股二歐元；要麼我們注資，每股一歐元。我是銀行的股東，我也不願意，但是我不得不這樣做。一個星期一，我記得，聯準會主席柏南克和美國財政部長鮑爾森，召集十一家銀行一起說：你們將會得到X億美元資金。當他們離開時，他們確實達到目的。在歐洲，誰有這麼強大的力量說出這樣的話，而且如何保持口徑一致說話還是一個問題。」

附錄二：巴菲特大事記

一九三〇年八月三十日，華倫・巴菲特出生於美國內布拉斯加州的奧馬哈市。

一九四一年，十一歲的巴菲特購買生平第一張股票，初次涉足投資市場。

一九四七年，巴菲特考入賓夕法尼亞大學並主攻財務和商業管理。

一九五〇年，巴菲特申請哈佛大學被拒之門外以後，考入哥倫比亞大學商學院，並且拜師於著名投資學理論學家班傑明・葛拉漢。

一九五一年，二十一歲的巴菲特學成畢業，獲得哥倫比亞大學經濟學碩士學位。

一九五七年，巴菲特已經有三十萬美元的資金掌管，並且年末金額升至五十萬美元。

一九六二年，巴菲特的合夥人公司的資本已達七百二十萬美元，其中的一百萬屬於巴菲特。

一九六四年，巴菲特的個人財富達四百萬美元，其中可掌管資金高達二千二百萬美元。

一九六七年十月，巴菲特的現金流已達六千五百萬美元。

一九六八年，巴菲特公司的股票增長五九％（歷史上最好成績），道瓊指數才增長九％。巴菲特掌管的資金上升至一億零四百萬美元，其中的二千五百萬美元屬於巴菲特。

一九六八年五月，巴菲特宣布隱退。

一九七三年，巴菲特入股《波士頓環球報》和《華盛頓郵報》，使《華盛頓郵報》利潤大增，每年平均增長三五％。十年之後，巴菲特投入的一千萬美元升值為兩億美元。

一九八〇年，巴菲特以一・二億美元、每股一〇・九六美元的單價，買進可口可樂七％的股份。

一九八五年，可口可樂股票單價升至五一・五美元。

一九九二年，巴菲特以每股七四美元，買進四三五萬股美國高技術國防工業公司——通用動力公司的股票，到年底股價上升到一一三元。

一九九四年，波克夏公司資產達二三〇億美元。

一九六五～一九九四年，巴菲特的股票平均每年增值二六・七七％，高出道瓊指數近一七%。

二〇〇〇年三月十一日，巴菲特在波克夏公司的網站上公開當年的年度信件，信件中描述，去年純收益下降四五%，從二十八・三億美元下降到十五・五七億美元。波克夏公司的普通股價格去年下跌二〇%（九〇年代的唯一一次下跌），同時波克夏的帳面利潤增長〇・五%，低於同期標準普爾的增長。

二〇〇四年七月二十九日，巴菲特的夫人蘇珊・巴菲特（Susan Buffett）去世。

二〇〇六年六月二十五日，巴菲特宣布將自己總價達三百多億的個人財富全部捐贈給慈善機構。

二〇〇七年三月一日，波克夏・哈薩威公司二〇〇六年財政年度資料顯示，去年利潤增長二九・二%，盈利達一一〇・二億美元（高於二〇〇五年同期的八五・三億美元），每股盈利七一四四美元（二〇〇五年為五三三八美元）。

二〇〇七年三月一日，波克夏公司普通股股價上漲四一〇美元，收於一〇六六〇〇美元。去年波克夏普通股股價上漲二三%。相形之下，標準普爾５００指數成分股股價平均漲幅僅為九%。

二〇一一年二月十五日，巴菲特獲得象徵美國最高平民榮譽的自由勳章。

二〇一一年三月十日，巴菲特名列紐約公布的《二〇一一年富比士全球富豪排行榜》第三，其淨資產高達五百億美元。

二〇一一年三月二十六日，巴菲特獲得網路版《巴倫週刊》評選的二〇一一年度全球三十大最佳ＣＥＯ第三名。

二〇一一年十二月十一日，華倫・巴菲特在《六〇分鐘》的訪談節目中宣布，他將設立自己的兒子霍華德為波克夏・哈薩威公司的繼承人。

附錄三：巴菲特經典語錄

投資篇

◆投資對於我來說，既是一種運動，也是一種娛樂。

◆風險來自你不知道自己正在做些什麼。

◆只有在退潮的時候，你才知道誰在裸泳！

◆成功的投資在本質上是內在的獨立自主的結果。

◆有五%的回報，在此後我將抽取所有利潤的五〇%！

◆人不是天生就具有這種才能，即始終能知道一切。但是那些努力工作的人有這樣的才能，他們尋找和精選世界上被錯誤定價的賭注。

◆當世界提供這種機會時，聰明人會敏銳地看到這種賭注。當他們有機會時，他們就投下大賭注，其餘時間不下注。事情就是這麼簡單。

◆要量力而行，你要發現你生活與投資的優勢所在。每當偶爾的機會降臨，即你的這種優勢有充分的把握，就要全力以赴，孤注一擲。

◆有兩種資訊：你可以知道的資訊和重要的資訊。你可以知道而且又重要的資訊，在整個已知的資訊中，只佔極小的百分比！

◆我所做的，就是創辦一家由我管理業務並且把我們的錢放在一起的合夥人企業。

◆選擇少數幾種可以在長期拉鋸戰中產生高於平均收益的股票，然後將你的大部分資金集中在這些股票上，不管股市短期漲跌，堅持持股，穩中取勝。

◆你打撲克牌的時候，總有一個人會倒楣，如果你看看周圍看不出誰要倒楣，就是你自己倒楣。

◆我們也會有恐懼和貪婪，只是在別人貪婪時我們恐懼，在別人恐懼的時候我們貪婪。

◆投資股票致富的秘訣只有一條：買股票以後，鎖在箱子裡等待，耐心地等待。

◆如果我們有堅定的長期投資期望，短期的價格波動對我們來說就毫無意義，除非它們能夠讓我們有機會以更便宜的價格增加股份。

◆我認為投資專業的學生只需要兩門教授得當的課程：如何評估一家公司，以及如何考慮市場價格。

◆必須要忍受偏離你的指導方針的誘惑：如果你不願意擁有一家公司十年，就不要考慮擁有它十分鐘。

◆投資者應該考慮企業的長期發展，而不是股票市場的短期前景，價格最終將取決於未來的收益。在投資過程中如同棒球運動中那樣，想要讓記分牌不斷翻滾，就必須盯著球場而不是記分牌。

◆價格是你付出去的，價值是你得到的，評估一家企業的價值部分，不是藝術部分而是科學。

◆如何決定一家企業的價值？進行許多閱讀：我閱讀所注意的公司的年度報告，同時我也閱讀它的競爭對手的年度報告。

◆其實，基金會是一種變相隱藏財富的手段！

管理篇

◆我之所以成為世界首富是因為我花得少。

◆要學會以四十分錢買一元的東西。

◆用我的想法和你們的錢，我們會做得很好。

◆任何一位捲入複雜工作的人都需要同事。

◆哲學家們告訴我們，做我們所喜歡的，然後成功就會隨之而來。

◆每天早上去辦公室，我感覺我正要去教堂，去畫壁畫！

◆如果發生壞事情，請忽略這件事情。

◆人性中總是有喜歡把簡單的事情複雜化的不良成分。

◆習慣的鏈條在重到斷裂之前，總是輕到難以察覺！

◆我從來不曾有過自我懷疑，我從來不曾灰心過。

◆我始終知道我會富有。對此，我不曾有過絲毫的懷疑。

◆我想要的並非是金錢。我覺得賺錢並且看著它慢慢增多，是一件有意思的事情。

◆要去他們要去的地方而不是他們現在所在的地方。

◆如果你在錯誤的道路上，奔跑也沒有用。

◆如果我們最重要的路線是從紐約去洛杉磯，我們沒有必要在芝加哥下車並且進行附帶的旅行。

◆如果你能從根本上把問題所在瞭解透澈並且思考它，就不會把事情搞得一團糟！

◆如果你想知道我為什麼能超過比爾・蓋茲，我可以告訴你，是因為我花得少，這是對我節儉的一種獎賞。

◆每次我讀到某家公司削減成本的計畫書時，我都想到這不是一家真正懂得成本為何物的公司，短期內畢其功於一役的做法在削減成本領域是不會產生作用的。一位真正出色的經理不會在早晨醒來之後說今天是我打算削減成本的日子，就像他不會在一覺醒來以後決定進行呼吸一樣。

◆在生活中，如果你正確地選擇你的英雄，你就是幸運的。我建議你們所有人，盡你所能地挑選出幾個英雄。

◆如果你是池塘裡的一隻鴨子，由於暴雨的原因水面上升，你開始在水的世界之中上浮。但是此時你卻以為上浮的是你自己，而不是池塘。

◆要贏得好的聲譽需要二十年，但是要毀掉它，五分鐘就夠。如果明白這一點，你做事的時候就會不同。

◆如果你發現一個你瞭解的局勢，其中各種關係你都一清二楚，你就要行動，不管這種行動是符合常規還是反常的，也不管別人贊成還是反對。

◆你不得不自己動腦，我總是吃驚於那麼多高智商的人也會沒有頭腦的模仿。在別人的交談中，沒有得到任何好的想法。

行為篇

◆思想枯竭，則巧言生焉！

◆我是一個現實主義者，我喜歡目前自己所從事的一切，並且對此始終深信不疑。作為一個徹底的實用現實主義者，我只對現實感興趣，從來不會抱持任何幻想，尤其是對自己。

◆我工作的時候不思考其他任何東西。我不試圖超過七英尺高的欄杆：我到處找的是我能跨過的一英尺高的欄杆。

◆我很理性，許多人有更高的智商，許多人工作更長的時間，但是我能理性地處理事物。你們必須能控制自己，不要讓你的感情影響你的思維。

◆當適當的氣質與適當的智力結構相結合時，你就會得到理性的行為。

◆我的成功並非源於高的智商，我認為最重要的是理性。我總是把智商和才能比喻為發動機的動力，但是輸出功率也就是工作效率，則取決於理性。

◆歸根究底，我一直相信我自己的眼睛遠勝於其他一切。

◆生活的關鍵是，要瞭解誰為誰工作。

◆哈佛的一些大學生問我，我應該去為誰工作？我回答，去為那個你最仰慕的人工作。兩星期以後，我接到一個來自該校教務長的電話。他說，你對孩子們說什麼？他們都成為自我雇傭者。

◆吸引我從事工作的原因之一是：它可以讓你過你自己想過的生活，你沒有必要為成功而打扮。

◆我喜歡簡單的東西。

◆高等院校喜歡獎賞複雜的行為，而不是簡單的行為，但是簡單的行為更有效。

◆頭腦中的東西在未整理分類之前，都叫做「垃圾」！

◆如何定義朋友：他們會向你隱瞞什麼？

◆我與富有情感的人在一起工作（生活）。

◆所有男人的不幸出自同一個原因，即他們都不能安分地待在一個房間裡。

◆我想給子女的，是足以讓他們能夠一展抱負，而不是多到讓他們最後一事無成。

◆時間是傑出（快樂）人的朋友，平庸（痛苦）人的敵人。

◆任何不能永遠前進的事物都會停滯。

◆當我發現自己處在一個洞穴之中時，最重要的事情就是停止挖掘。

◆別人贊成也好，反對也罷，都不應該成為你做對事或做錯事的理由。

◆我們不因為大人物或大多數人的認同而心安理得，也不因為他們的反對而擔心。

◆在拖拉機問世的時候做一匹馬，或是在汽車問世的時候做一名鐵匠，都不是一件有趣的事情。

◆金錢多少對於你我沒有什麼大的區別。我們不會改變什麼，只是我們的妻子會生活得好一些。

◆你真的可以向一條魚解釋在陸地上行走的感覺嗎？對魚來說，陸地上的一天勝過幾千年的空談。

◆正直、勤奮、活力。而且，如果他們不擁有第一個品德，其餘兩個將會毀滅你。對此你要深思，這一點千真萬確。

海鴿文化出版圖書有限公司
Seadove Publishing Company Ltd.

作者　劉偉毅
美術構成　騾賴耙工作室
封面設計　斐類設計工作室
發行人　羅清維
企畫執行　林義傑、張緯倫
責任行政　陳淑貞

出版　海鴿文化出版圖書有限公司
出版登記　行政院新聞局局版北市業字第780號
發行部　台北市信義區林口街54-4號1樓
電話　02-27273008
傳真　02-27270603
e - mail　seadove.book@msa.hinet.net

總經銷　創智文化有限公司
住址　新北市土城區忠承路89號6樓
電話　02-22683489
傳真　02-22696560
網址　www.booknews.com.tw

香港總經銷　和平圖書有限公司
住址　香港柴灣嘉業街12號百樂門大廈17樓
電話　（852）2804-6687
傳真　（852）2804-6409

出版日期　2017年08月01日　一版一刷
定價　300元
郵政劃撥　18989626　戶名：海鴿文化出版圖書有限公司

國家圖書館出版品預行編目資料

巴菲特預言／劉偉毅著
— 一版，臺北市 ： 海鴿文化，2017.08
面 ； 公分.—— （成功講座；328）
ISBN 978-986-392-094-6（平裝）

1. 巴菲特（Buffett, Warren） 2. 學術思想 3. 投資學

563.5　106011928

Seadove

Seadove

Seadove